Wenn nicht jetzt, wann dann?

Ann-Katrin, WW Teilnehmerin

Inhalt

4 **MeinWW®**
Hier erhältst du Infos zum neuen WW Programm, zu den 3 Plänen, SmartPoints® und ZeroPoint™ Foods.

6 **Erfolgsgeschichte**
Lasse dich von Ann-Kathrins Abnahme mit WW inspirieren. Sie hat dieses Kochbuch für dich getestet und versorgt dich mit wertvollen Tipps.

8 **Infos**
Warum du beim Abnehmen nicht auf Kohlenhydrate verzichten musst, erfährst du hier.

10 **Pasta**
Tolle Pastarezepte, die für ein Geschmackserlebnis und gute Laune sorgen.

44 **Kartoffeln**
Abwechslungsreiche Rezepte rund um die tolle Knolle.

74 **Reis & Co.**
Hier dreht sich alles um Reis, Getreide und Hülsenfrüchte: einfach, lecker und sättigend.

106 **Register**
Alle Rezepte übersichtlich alphabetisch sortiert inklusive SmartPoints Werten sowie Register nach Zutaten und Stichworten.

112 **Impressum**

Rezeptinfos

8 7 3

SmartPoints Wert pro Person / Glas / Stück

vegetarisch

vegan

glutenfrei

laktosefrei

nussfrei

Die Kennzeichnung wie zum Beispiel „vegetarisch“, „vegan“, „gluten-“, „laktose-“ oder „nussfrei“ bei den Rezepten ist rein informativ und nicht verbindlich. Es liegt in der persönlichen Verantwortung zu prüfen, ob die verwendeten Lebensmittel die Anforderungen erfüllen.

meinWW®

Dürfen wir vorstellen: *meinWW®*! Mit diesem einzigartigen Programm findest du den richtigen Weg für dich. Wenn es ums Abnehmen geht, hat jeder seine eigenen Vorstellungen und Bedürfnisse. Was für den einen gut funktioniert, ist für jemand anderen vielleicht weniger geeignet. Deshalb bieten wir dir ab sofort mehr als eine Möglichkeit, mit WW abzunehmen und einen gesunden Lifestyle zu etablieren!

Die Grundlage bildet ein Ernährungskonzept, das auf ernährungswissenschaftlichen Erkenntnissen basiert. So bekommt dein Körper alles, was er braucht. Zusätzlich bekommst du Verhaltensstrategien an die Hand, die dir dabei helfen, gesunde Gewohnheiten zu entwickeln. Egal, ob es um gesündere Ernährung, einen aktiveren Lebensstil oder darum geht, deine Einstellung positiv zu verändern: Du setzt dir kleine, leicht erreichbare Ziele, die du nach und nach in deinen Alltag integrierst. Denn bei uns geht es um mehr als nur Abnehmen – es geht um langfristigen Erfolg. Es gibt 3 Wege, mit meinWW® abzunehmen. Die 3 Pläne unterscheiden sich in der Anzahl der ZeroPoint™ Lebensmittel und der Höhe der täglichen SmartPoints®. Egal, ob du dich für Grün, Blau oder Lila entscheidest: Du kannst weiterhin alle Lebensmittel genießen, die du gerne magst. Hier findest du eine Übersicht zu den 3 Plänen:

Grüner Plan

100+ ZeroPoint™ Foods:

Obst und Gemüse

Mindestens 30 tägliche SmartPoints®

30

Blauer Plan

200+ ZeroPoint™ Foods:

Obst, Gemüse und eiweißreiche Lebensmittel wie Geflügel, Fisch, Eier, Quark, Hülsenfrüchte oder Tofu

Mindestens 23 tägliche SmartPoints®

23

Lila Plan

300+ ZeroPoint™ Foods:

Obst, Gemüse, eiweißreiche Lebensmittel sowie Kartoffeln und ausgewählte Vollkornprodukte

Mindestens 16 tägliche SmartPoints®

16

SmartPoints®

Die Basis bildet unser SmartPoints® System, das komplexe Ernährungsinformationen zu einer einfachen Zahl zusammenfasst: dem SmartPoints® Wert. Dein SmartPoints® Budget wird individuell für dich berechnet. Es besteht aus täglichen und wöchentlichen SmartPoints® und basiert auf Alter, Gewicht, Größe und Geschlecht. Wenn du dich an dein SmartPoints® Budget hältst, nimmst du ab, und zwar bis zu 1 Kilo pro Woche.

ZeroPoint™ Foods

ZeroPoint™ Lebensmittel haben 0 SmartPoints®. Warum? Weil diese Lebensmittel die Grundlage für eine gesunde Ernährung bilden und wir dich darin bestärken möchten, hier öfter zuzugreifen. 0 Punkte Lebensmittel musst du weder wiegen, noch abmessen, zählen oder aufschreiben – und du nimmst dabei trotzdem ab. Seit Einführung der ZeroPoint™ Lebensmittel sind unsere Teilnehmer sogar noch erfolgreicher*. Lass dich überraschen, wie vielfältig und abwechslungsreich Kochen mit den 0 Punkte Lebensmitteln sein kann. Genieß es und gönne dir mehr Flexibilität und Freiheit im Alltag!

* Pre-Post-Studie an der Universität North Carolina finanziert von WW. Gewichtsdaten von Testteilnehmern nach 6 Monaten WW Freestyle.

Getestet von Ann-Katrin

Ann-Katrin hat dieses Kochbuch getestet und gibt euch viele interessante Tipps und Infos. Außerdem verrät sie euch ihre Lieblingsrezepte aus dem Buch.

Mit dem WW Workshop zum Erfolg

Der WW Workshop ist für mich „Me-Time“. Hier tanke ich jede Menge Motivation und bin so erfolgreicher. Es tut mir gut zu sehen, dass ich nicht die einzige auf der Welt bin, die etwas für ihre Figur tun will. Außerdem bekomme ich dort immer wieder tolle Tipps. Mein Coach checkt jede Woche, wo ich stehe, fragt nach und gibt gute Hinweise, wenn es mit der Abnahme mal hakt.

Was mir bei meiner Abnahme geholfen hat:

- **Gut frühstücken.** Statt einen Muffin oder Donut auf dem Weg zur Arbeit zu verdrücken, nehme ich mir zu Hause die Zeit ausgiebig zu frühstücken: Wenn ich mein Brötchen mit Ei oder Marmelade gegessen habe, dazu noch einen Skyr mit Früchten, dann bin ich bis mittags satt.
- **Regelmäßig essen.** Ich konzentriere mich auf die drei Hauptmahlzeiten. Zwischendurch genascht wird nicht mehr – ich brauche es aber auch nicht mehr.
- **Bewusst essen.** Früher habe ich mir beim Essen sehr viel Druck gemacht. Oft habe ich auch darüber nachgedacht, was andere über mich denken – vor allem, wenn wir Buffet essen waren. Heute bin ich da ganz entspannt und genieße das Essen so richtig.

Austausch mit Teilnehmern

Auch der Austausch mit den anderen Teilnehmern gibt mir immer wieder neue Impulse. Das gilt übrigens auch für die Community: In manchen Beiträgen von Teilnehmern finde ich mich so wieder, als hätte gerade jemand in meine Seele geschaut. Das macht mich sehr stark. Ich bin sehr froh, dass es mir gelungen ist, etwas zu verändern. Nach dem Start bei WW war ich wirklich sehr konsequent: Wenn meine Freunde auswärts essen gingen, blieb ich lieber zu Hause und kochte mir etwas. Schnell merkte ich aber, dass ich mit WW auf nichts verzichten muss. Gehe ich heute abends ins Restaurant, esse ich mein übliches Frühstück und greife tagsüber bevorzugt zu ZeroPoint™ Lebensmitteln. Dann ist abends Platz für eine Portion Spaghetti Bolognese – denn Nudeln sind mein absolutes Lieblingsgericht.

Von allen Seiten bekomme ich heute Komplimente. Meine Mutter freut sich, dass ich nicht mehr mit gesenktem Kopf durchs Leben gehe, sondern voller Selbstbewusstsein. Ich fühle mich auch einfach sehr wohl und bin viel mit Freunden unterwegs und wenn ich mal Zeit für mich brauche, gehe ich mit meinem Hund spazieren. Und die Treppen zu meiner Dachgeschosswohnung, die nehme ich jetzt spielend – auch mit Einkaufstüten.

GOOD CARBS – BAD CARBS
Abnehmen mit Pasta, Kartoffeln & Co.

Wer abnehmen will, muss auf Kohlenhydrate verzichten? Von wegen! Vielmehr sind gute Kohlenhydrate wichtig für eine ausgewogene Ernährung und sorgen mit zahlreichen Ballaststoffen noch dazu für einen extra Schub Energie.

Nudeln, Kartoffeln, Vollkornreis, Hülsenfrüchte oder Quinoa sind nur einige Beispiele für Kohlenhydrate, die sich auch dann sehr gut auf deinem Teller machen, wenn du abnehmen möchtest. Ausschlaggebend ist die richtige Wahl. Und selbst kleine Kohlenhydrat-Sünden wie Pommes frites oder Schokolade sind bei WW erlaubt – wenn die Menge passt. In diesem Buch haben wir die besten Rezepte zusammengestellt, die unter Einsatz guter Kohlenhydrate nicht nur satt machen, sondern auch leicht und lecker sind.

Gute Seiten, schlechte Seiten

Kohlenhydrate sind in vielen Lebensmitteln enthalten und zeigen sich nicht immer von der besten Seite. Denn neben Gemüse, Kartoffeln, Früchten, Nüssen, Hirse oder Vollkorngetreide, sind sie zum Beispiel auch in Süßwaren, Weißbrot oder Kuchen zu finden. Schon lässt sich erahnen: Nicht immer sind Kohlenhydrate förderlich beim Abnehmen. Doch die gute Nachricht ist: Wir wissen ganz genau, wie sie das sein können!

Beim Abnehmen kommt es, wie so oft bei WW, auf die Auswahl und die Menge an. Denn während beispielsweise Schokolade schnell vom Körper verwertet wird und so das Sättigungsgefühl nicht lange anhält, gibt es unter den Kohlenhydraten auch ganz andere Vertreter wie beispielsweise Vollkorngetreide oder Saaten. Sie sind reich an Ballaststoffen und schmecken nicht nur hervorragend, sondern sättigen auch nachhaltig. Zudem wird der Stoffwechsel angeregt und die Fettverbrennung gefördert … echte Multitalente!

Wir halten also fest: Viele Kohlenhydrate tun nicht nur gut, sondern sind auch wichtig für uns – wenn die Menge stimmt und die Auswahl passt. Hinzu kommt, dass sich aus ihnen großartige Gerichte zaubern lassen, die wir in diesem Buch zusammengestellt haben. Egal, ob Meeresfrüchte Linguine mit Tomaten (S. 32), Kartoffelsalat mit mediterranem Gemüse (S. 57), Mexikanische Bohnenwraps (S. 80) oder Linsenbratlinge an Feldsalat (S. 96), all diese Gerichte machen dich satt und glücklich.

„Gute“ Kohlenhydrate / good carbs sind …

- Kartoffeln und Süßkartoffeln
- Nudeln und Reis
- Hülsenfrüchte
- Vollkorngetreide und -produkte
- Gemüse und Salate
- Obst
- Nüsse und Saaten
  z. B. Kürbiskerne
- Pseudogetreide
  z. B. Dinkel, Quinoa

„Schlechte“ Kohlenhydrate / bad carbs sind …

- Zucker
- Weißmehl/Stärkemehle
- Weißbrot
- Soft- und Energydrinks
- Süßigkeiten
- Eiscreme
- Kuchen, Kekse und Gebäck
- Verarbeitete Kartoffelprodukte
  z. B. Pommes Frites, Chips

Pasta

Spinat-Walnuss-Pesto

Für 4 Personen **Zubereitungszeit 10 Min.**

5 5 5

610 kJ | 146 kcal

75 g Baby-Blattspinat waschen und trocken schleudern. **1 Knoblauchzehe** grob hacken. Spinat und Knoblauch mit **30 g Walnüssen**, **30 g geriebenem Parmesan**, **2 EL Olivenöl**, **70 ml Wasser** und **1/4 TL geriebener Muskatnuss** pürieren. Spinat-Walnuss-Pesto mit **Salz** und **Pfeffer** abschmecken und servieren.

Für 4 Personen 240 g trockene Vollkorn-Nudeln zubereiten.

6 6 0

Marinara-Sauce

1 1 1

Für 4 Personen **Zubereitungszeit 5 Min.** **Garzeit 25 Min.** 200 kJ | 48 kcal

1 TL Olivenöl in einem Topf auf mittlerer Stufe erhitzen. **1 Zwiebel** schälen und fein würfeln. **2 Knoblauchzehen** pressen und mit Zwiebeln darin 6–8 Minuten dünsten. Mit **400 g stückigen Tomaten (Konserve)** und **150 ml Wasser** ablöschen, mit **Salz** und **Pfeffer** würzen und mit **1 TL gehacktem Thymian** und **1/2 TL Zucker** verfeinern. Marinara-Sauce auf niedriger Stufe ca. 15 Minuten köcheln lassen, **2 EL gehacktes Basilikum** unterrühren und servieren.

Sauce Alfredo

4 3 3

Für 4 Personen **Zubereitungszeit 5 Min.** **Garzeit 10 Min.** 455 kJ | 109 kcal

1 Knoblauchzehe fein hacken. **1 TL Olivenöl** in einer Pfanne auf niedriger Stufe erhitzen und Knoblauch darin 1–2 Minuten dünsten. Mit **150 ml Gemüsebrühe (1/2 TL Instantpulver)** ablöschen und ca. 5 Minuten köcheln lassen. **70 g geriebenen Parmesan** portionsweise einrühren und schmelzen lassen. Pfanne vom Herd nehmen und **200 g griechischen Joghurt, Natur, bis 0,2 % Fett** unterrühren. Sauce Alfredo mit **Salz** und **Pfeffer** abschmecken und servieren.

Grillpaprika-Sauce

0 0 0

Für 4 Personen **Zubereitungszeit 5 Min.** **Garzeit 5 Min.** 103 kJ | 25 kcal

1 rote Zwiebel schälen und grob würfeln. **1 TL Öl** in einer Pfanne auf mittlerer Stufe erhitzen und Zwiebeln darin 3–4 Minuten dünsten. **1/4 TL Chiliflocken** zugeben und Mischung mit **3 eingelegten gerösteten Paprika in Lake** und **50 ml Wasser** pürieren. Grillpaprika-Sauce mit **Salz** und **Pfeffer** abschmecken, mit **1 EL gehacktem Thymian** garnieren und servieren.

Fettuccine mit Lachs und Spargel

Für 2 Personen **Zubereitungszeit 10 Min.** **Garzeit 20 Min.**

11 8 8

1802 kJ | 431 kcal

2 Knoblauchzehen
500 g grüner Spargel
120 g trockene Fettuccine
Salz, Pfeffer
2 TL Olivenöl
1 Msp. Chiliflocken
120 g Lachsfilet
1 EL Zitronensaft

1 Knoblauch fein hacken. Spargel waschen, das untere Drittel schälen und Spargel in ca. 4 cm große Stücke schneiden. Nudeln nach Packungsanweisung in Salzwasser garen und abgießen.

2 1 TL Öl in einer Pfanne auf mittlerer Stufe erhitzen und Knoblauch mit Chiliflocken darin ca. 1 Minute andünsten. Spargel dazugeben, ca. 2 Minuten mitbraten, mit 60 ml Wasser ablöschen, mit Salz würzen und ca. 3 Minuten köcheln lassen.

3 Lachsfilet abspülen, trocken tupfen, mit Zitronensaft beträufeln und mit Salz und Pfeffer würzen. Restliches Öl in einer Pfanne auf mittlerer Stufe erhitzen, Lachsfilet darin 3-5 Minuten von jeder Seite braten und herausnehmen.

4 Lachsfilet mit einer Gabel zerpflücken und vorsichtig mit dem Spargel unter die Nudeln heben. Fettuccine mit Lachs und Spargel mit Bratensatz beträufeln und servieren.

Tipp

Statt Spargel kannst du auch Broccoli verwenden.

Hartweizennudeln

Die beliebtesten Nudelsorten bestehen aus Hartweizengrieß und Wasser oder Weizenmehl. Ei ist nicht enthalten, sodass sie sich auch für die vegane Ernährung eignen. Der Italiener setzt bei seiner Pasta auf die klassische Rezeptur mit Hartweizengrieß.

Nudelsalat mit Hähnchen in Honig-Soja-Sauce

Für 4 Personen **Zubereitungszeit 15 Min.** **Garzeit 15 Min.** **Marinierzeit 20 Min.**

8 7 1

1670 kJ | 399 kcal

2 EL Sojasauce
2 TL Honig
400 g Hähnchenbrustfilet
3 Karotten
250 g Zuckererbsenschoten
2 Minigurken
2 Frühlingszwiebeln
1 TL Olivenöl
240 g trockene Soba-Nudeln aus 100 % Buchweizen
Salz

1 Für die Marinade Sojasauce und Honig verrühren. Hähnchenbrustfilet trocken tupfen, in Streifen schneiden, mit Marinade in einen Gefrierbeutel geben, gut verkneten und im Kühlschrank ca. 20 Minuten marinieren. Karotten schälen und in feine Stifte schneiden. Zuckererbsenschoten und Gurken waschen und in feine Stifte schneiden. Frühlingszwiebeln waschen und schräg in Ringe schneiden.

2 Hähnchen abtropfen lassen und Marinade dabei auffangen. Öl in einer Pfanne auf hoher Stufe erhitzen, Hähnchen darin ca. 4 Minuten von jeder Seite anbraten und herausnehmen. Für die Sauce restliche Marinade mit 80 ml Wasser in der Pfanne auf mittlerer Stufe ca. 2 Minuten köcheln lassen.

3 Nudeln nach Packungsanweisung in Salzwasser garen, nach der Hälfte der Garzeit Karotten und Zuckererbsenschoten dazugeben, abgießen und abschrecken. Nudeln mit Gurken, Hähnchen und Honig-Soja-Sauce mischen. Nudelsalat mit Frühlingszwiebeln bestreut servieren.

Soba-Nudeln

In der japanischen Küche besonders beliebt sind die aus Buchweizenmehl hergestellten Soba-Nudeln. Sie bringen den Vorteil mit sich, dass sie fett- sowie glutenfrei sind.

Spaghetti mit roten Zwiebeln und Ziegenkäse

Für 2 Personen **Zubereitungszeit 10 Min.** **Garzeit 20 Min.**

12 12 12

1691 kJ | 404 kcal

250 g rote Zwiebeln
1 TL Olivenöl
1 TL brauner Zucker
1 EL dunkler Balsamicoessig
150 ml Gemüsebrühe (1/2 TL Instantpulver)
120 g trockene Spaghetti
Salz, Pfeffer
1 EL gehackte Petersilie
60 g Ziegenkäse, 45 % Fett i. Tr.

1 Zwiebeln schälen und in Streifen schneiden. Öl in einer Pfanne auf mittlerer Stufe erhitzen und Zwiebeln mit Zucker darin ca. 10 Minuten braten. Zwiebeln mit Balsamicoessig und Brühe ablöschen und Sauce ca. 10 Minuten köcheln lassen.

2 Nudeln nach Packungsanweisung in Salzwasser garen, abgießen und dabei ca. 150 ml Nudelwasser auffangen. Nudeln samt Nudelwasser in die Pfanne geben, mit Zwiebeln vermischen, mit Salz und Pfeffer abschmecken und mit Petersilie verfeinern. Ziegenkäse zerbröseln und Spaghetti mit Ziegenkäse bestreut servieren.

Ann-Katrins Tipp:

Meine anfängliche Skepsis gegenüber dem Rezept war bereits nach dem ersten Bissen komplett verflogen. Ich bin froh, dass ich mich von der Kombination habe überzeugen lassen – ein wirklich sehr tolles und leckeres Gericht!

Frisch kombiniert

Serviere dazu einen Salat aus 100 g Rucola, 100 g Cocktailtomaten und einem Dressing aus 1 TL Olivenöl, 1/2 TL Honig, 2 TL dunklem Balsamicoessig, Salz und Pfeffer. Der SmartPoints Wert erhöht sich in jedem Plan auf 13.

Nudel-Thunfisch-Auflauf

Für 4 Personen **Zubereitungszeit 20 Min.** **Garzeit 35 Min.**

11 8 3

1987 kJ | 475 kcal

500 g Broccoli
200 g trockene Vollkorn-Penne
Salz, Pfeffer
2 große rote Paprika
1 Dose Thunfisch im eigenen Saft (150 g Abtropfgewicht)
200 ml fettarme Milch
100 g Frischkäse, bis 5 % Fett absolut
4 Eier (Größe M)
1/2 TL Paprikapulver
8 Tortillachips
50 g geriebener Käse, 30 % Fett i. Tr.

1 Broccoli waschen und in Röschen teilen. Nudeln nach Packungsanweisung in Salzwasser garen, Broccoli ca. 5 Minuten vor Ende der Garzeit zugeben und mitgaren. Backofen auf 180° C (Gas: Stufe 2, Umluft: 160° C) vorheizen.

2 Paprika waschen, entkernen und in Streifen schneiden. Thunfisch abtropfen lassen und mit einer Gabel zerpflücken. Für den Guss Milch mit Frischkäse, Eiern und Paprikapulver verquirlen und mit Salz und Pfeffer würzen.

3 Nudeln mit Broccoli abgießen und mit Thunfisch und Paprika in einer Auflaufform (20 x 30 cm) vermischen. Tortillachips grob zerbröseln. Guss über den Auflauf geben, mit Tortillachips und Käse bestreuen und im Backofen auf mittlerer Schiene 20–25 Minuten garen. Nudel-Thunfisch-Auflauf servieren.

WW Küchenwaage

Die WW Küchenwaage hilft dir, deine SmartPoints Werte punktgenau zu bestimmen und ist dank ihrer einfachen Handhabung ein optimaler Begleiter bei deiner Abnahme. Erhältlich im WW Studio oder auf wwshop.de.

Pasta mit Geflügelragout

Für 4 Personen   Zubereitungszeit 10 Min.   Garzeit 25 Min.

10 9 1

2008 kJ | 480 kcal

[illegible]el
2 Knoblauchzehen
1 TL Olivenöl
500 g Geflügelhackfleisch (aus Geflügelbrustfilet)
1 TL Fenchelsamen
1 TL getrockneter Oregano
100 ml Hühnerbrühe (1/2 Tl Instantpulver)
800 g stückige Tomaten (Konserve)
3 Lorbeerblätter
1 TL Zucker
320 g trockene Mini-Vollkorn-Penne
Salz, Pfeffer
2 EL gehacktes Basilikum

1 Zwiebel schälen und mit Knoblauch fein würfeln. Öl in einer Pfanne auf mittlerer Stufe erhitzen, Zwiebeln mit Knoblauch und Geflügelhackfleisch darin ca. 5 Minuten braten und mit Fenchel und Oregano verfeinern. Mit Fond ablöschen und weitere ca. 5 Minuten köcheln lassen.

2 Hackfleisch mit Tomaten ablöschen, Lorbeerblätter zufügen und mit Zucker verfeinern. Ragout mit Deckel ca. 10 Minuten köcheln lassen, danach weitere ca. 5 Minuten ohne Deckel köcheln.

3 Nudeln nach Packungsanweisung in Salzwasser garen. Lorbeerblätter entfernen und Ragout mit Salz und Pfeffer abschmecken. Nudeln abgießen, Pasta mit Geflügelragout vermischen und mit Basilikum garniert servieren.

Vollkornnudeln

Vollkornnudeln werden im Gegensatz zu Hartweizennudeln aus dem ganzen Getreidekorn hergestellt. Dadurch sind die Nudeln fester im Biss und enthalten mehr Ballast-, Mineralstoffe und Vitamine. Sie sättigen besser und sind die gesündere Nudelvariante.

Glasnudelsalat mit Erdnüssen

Für 2 Personen   Zubereitungszeit 20 Min.   Garzeit 10 Min.

8 8 8

1821 kJ | 435 kcal

1 rote Paprika
1/2 Salatgurke
2 Karotten
1 Stück Ingwer (ca. 2 cm)
2 TL Erdnüsse
1 TL Sesamöl
200 g Tatar
Salz, Pfeffer
1/2 TL 5-Gewürze-Pulver
1 TL rote Currypaste
2 EL Sojasauce
100 g trockene Glasnudeln
4 TL Limettensaft
50 ml Gemüsebrühe (1/4 TL Instantpulver)

1 Paprika waschen, entkernen und in Streifen schneiden. Gurke waschen, Karotten schälen und beides in feine Streifen schneiden. Ingwer schälen und fein hacken. Erdnüsse fettfrei in einer Pfanne auf mittlerer Stufe 2–3 Minuten rösten und hacken.

2 Öl in einer Pfanne auf hoher Stufe erhitzen und Tatar darin krümelig anbraten. Ingwer, Paprika und Karotten zufügen und 2–3 Minuten mitbraten. Mit Salz, Pfeffer und 5-Gewürze-Pulver würzen, mit Currypaste und Sojasauce verfeinern und herausnehmen.

3 Glasnudeln nach Packungsanweisung zubereiten und abgießen. Für das Dressing Bratensatz mit Limettensaft und Brühe ablöschen. Tatar-Gemüse-Mischung, Gurken und Glasnudeln mit Dressing mischen und Glasnudelsalat mit Erdnüssen bestreut servieren.

Glasnudeln

Perfekt für die schnelle Küche geeignet sind Glasnudeln. Sie stammen aus der asiatischen Küche, aber gewinnen auch hierzulande zunehmend an Beliebtheit. Dank der Herstellung aus Mungo- oder Sojastärke und Wasser eignen sich die asiatischen Nudeln auch für die glutenfreie Ernährung.

Bohnen-Pasta-Salat mit Ei und Schinken

Für 4 Personen **Zubereitungszeit 15 Min.** **Garzeit 10 Min.** **Kühlzeit 15 Min.**

10 7 7

1660 kJ | 397 kcal

200 g trockene kleine Muschelnudeln
Salz, Pfeffer
150 g Erbsen (TK)
500 g grüne Bohnen
4 Eier (Größe M)
1/2 unbehandelte Zitrone
1 EL Olivenöl
3 EL Schnittlauchringe
1 TL Dijon-Senf
100 g gekochter Schinken

1. Nudeln nach Packungsanweisung in Salzwasser garen, Erbsen ca. 4 Minuten vor Ende der Garzeit zufügen und mitgaren. Bohnen waschen, ca. 10 Minuten in Salzwasser garen, abgießen und ca. 15 Minuten abkühlen lassen.

2. Eier in kochendem Wasser 8-10 Minuten hart kochen, abschrecken, pellen und vierteln. Für das Dressing Zitronenschale abreiben und Zitronenhälfte auspressen. Öl, 2 EL Schnittlauch, Senf, Zitronenschale und -saft verrühren und mit Salz und Pfeffer würzen.

3. Nudeln, Erbsen und Bohnen vermengen und Salat mit Dressing mischen. Schinken würfeln und mit Eiern und restlichem Schnittlauch über den Salat geben. Bohnen-Pasta-Salat servieren.

Cremige Lauch-Farfalle mit Schweinemedaillons

Für 2 Personen **Zubereitungszeit 15 Min.** **Garzeit 15 Min.**

10 10 5

1820 kJ | 435 kcal

3 Stangen Lauch
2 TL Olivenöl
Salz, Pfeffer
1 Prise geriebene Muskatnuss
50 ml Gemüsebrühe (1/4 TL Instantpulver)
1 TL heller Balsamicoessig
100 g trockene Vollkorn-Farfalle
4 Schweinemedaillons (à 60 g)
2 Blätter Salbei
einige rosa Pfefferbeeren
2 EL Schmand

1 Lauch waschen und in feine Ringe schneiden. 1 TL Öl in einer Pfanne auf mittlerer Stufe erhitzen und Lauch darin ca. 5 Minuten andünsten. Mit Salz, Pfeffer und Muskatnuss würzen, mit Brühe und Essig ablöschen und ca. 10 Minuten garen.

2 Nudeln nach Packungsanweisung in Salzwasser garen. Schweinemedaillons trocken tupfen. Restliches Öl in einer Pfanne auf mittlerer bis hoher Stufe erhitzen und Medaillons darin 3–5 Minuten von jeder Seite braten.

3 Salbei waschen, trocken schütteln und fein hacken. Medaillons mit Salz und Pfeffer würzen und mit Salbei und rosa Pfefferbeeren verfeinern. Lauch mit Schmand vermischen und mit Salz und Pfeffer abschmecken. Nudeln abgießen und zum Lauch geben. Cremige Lauch-Farfalle mit Schweinemedaillons servieren.

Feuriger Paprika-Nudel-Auflauf

Für 4 Personen **Zubereitungszeit 20 Min.** **Garzeit 50 Min.** **Kühlzeit 10 Min.**

10 10 2

1821 kJ | 435 kcal

4 rote Paprika
600 g Cocktailtomaten
300 g trockene Vollkorn-Fusilli
Salz, Pfeffer
6 Stängel Basilikum
2 TL Olivenöl
2 Knoblauchzehen
2 TL Chiliflocken
125 g fettreduzierter Mozzarella

1 Backofen auf 240° C (Gas: Stufe 5, Umluft: 220° C) vorheizen. Paprika und Tomaten waschen und Haut mehrfach mit einem Messer einstechen. Gemüse auf einem mit Backpapier ausgelegten Backblech verteilen und im Backofen 20-25 Minuten grillen, dabei gelegentlich wenden und ca. 10 Minuten abkühlen lassen. Nudeln nach Packungsanweisung in Salzwasser garen und abgießen.

2 Basilikum waschen, trocken schütteln und Blätter abzupfen. Gegrillte Tomaten und Paprika unter fließendem Wasser häuten, entkernen und 1 Paprika in Stücke schneiden. Restliche Paprika mit Tomaten, Öl, Knoblauch, Chiliflocken und der Hälfte des Basilikums pürieren, mit Salz und Pfeffer abschmecken. Backofen auf 200°C (Gas: Stufe 3, Umluft: 180° C) einstellen.

3 Mozzarella trocken tupfen und in Scheiben schneiden. Sauce mit Nudeln vermischen, in eine Auflaufform (ca. 22 x 22 cm) füllen, mit Mozzarella belegen und im Backofen auf mittlerer Schiene 20–25 Minuten backen. Feurigen Paprika-Nudel-Auflauf mit restlichem Basilikum bestreut servieren.

Meeresfrüchte-Linguine mit Tomaten

Für 4 Personen **Zubereitungszeit 10 Min.** **Garzeit 15 Min.**

9 8 8

1559 kJ | 373 kcal

320 g trockene Linguine
Salz, Pfeffer
2 Knoblauchzehen
1 TL Olivenöl
1/2 TL Chiliflocken
125 ml Gemüsebrühe (1/2 TL Instantpulver)
600 g Cocktailtomaten
200 g Meeresfrüchte (TK)
1 Zitrone
2 EL gehackte Petersilie

1 Nudeln nach Packungsanweisung in Salzwasser garen, abgießen und dabei 150 ml Nudelwasser auffangen. Knoblauch fein hacken. Öl in einer Pfanne auf mittlerer Stufe erhitzen und Knoblauch mit Chiliflocken darin ca. 2 Minuten andünsten. Mit Brühe ablöschen und ca. 5 Minuten köcheln lassen.

2 Tomaten waschen, halbieren und ca. 2 Minuten mitdünsten. Meeresfrüchte dazugeben und weitere ca. 4 Minuten köcheln lassen.

3 Zitrone in Spalten schneiden. Nudeln mit Sauce vermischen, mit 1 EL Petersilie verfeinern, Nudelwasser dazugeben und mit Salz und Pfeffer abschmecken. Meeresfrüchte-Linguine mit restlicher Petersilie bestreuen und mit Zitronenspalten servieren.

Japanische Ramen-Nudelsuppe mit Rindfleisch

Für 4 Personen **Zubereitungszeit 20 Min.** **Garzeit 15 Min.**

10 10 10

1837 kJ | 439 kcal

40 g Shiitakepilze
240 g trockene Ramen-Nudeln
Salz, Pfeffer
1 Liter Rinderfond
1 EL Tamarindenpaste
1 EL Misopaste
2 TL Zucker
1 EL Chilisauce
400 g Rumpsteak
2 TL Olivenöl
2 Frühlingszwiebeln
3 Stängel Koriander
200 g Sojasprossen
1 EL gerösteter Sesam

1 Shiitakepilze trocken abreiben, mit 500 ml kochendem Wasser übergießen und ca. 5 Minuten ziehen lassen. Nudeln nach Packungsanweisung in Salzwasser garen und abgießen. Shiitakepilze abgießen und in Scheiben schneiden, dabei die Garflüssigkeit auffangen.

2 Fond in einem Topf auf mittlerer bis hoher Stufe erhitzen, Tamarinden-, Misopaste, Zucker und Chilisauce zufügen und aufkochen. Pilze samt Garflüssigkeit dazugeben und auf mittlerer Stufe ca. 5 Minuten köcheln lassen.

3 Steak trocken tupfen. Öl in einer Pfanne auf hoher Stufe erhitzen, Steak darin ca. 3 Minuten von jeder Seite braten, mit Salz und Pfeffer würzen, herausnehmen und in Streifen schneiden.

4 Frühlingszwiebeln waschen und in schmale Streifen schneiden. Koriander waschen und trocken schütteln. Sojasprossen auf vier Schüsseln verteilen, Nudeln mit Brühe darübergießen und Steakstreifen daraufgeben. Japanische Ramen-Nudelsuppe mit Koriander, Frühlingszwiebeln und Sesam bestreut servieren.

Ramen-Nudeln

Ramen-Nudeln sind eine Spezialität aus Japan, die ihren Ursprung in China haben. Die Mischung aus Wasser, Weizenmehl, Salz und Salzlaugenwasser sorgt für die gelbliche Farbe der Nudeln. Allerdings ist nicht nur die Nudelsorte, sondern auch die fertige Nudelsuppe im Allgemeinen unter dem Begriff „Ramen“ bekannt.

One-Pot-Pasta mit Champignons und Spinat

Für 2 Personen **Zubereitungszeit 10 Min.** **Garzeit 30 Min.**

10 10 4

1507 kJ | 360 kcal

1 kleine Zwiebel
2 Knoblauchzehen
250 g Champignons
1 TL Olivenöl
2 TL getrockneter Thymian
Salz, Pfeffer
120 g trockene Vollkorn-Fusilli
450 ml Gemüsebrühe (2 TL Instantpulver)
200 g Baby-Blattspinat
40 g Crème légère
2 EL geriebener Parmesan

1 Zwiebel schälen und mit Knoblauch fein würfeln. Champignons trocken abreiben und in Scheiben schneiden. Öl in einem Topf auf mittlerer Stufe erhitzen und Zwiebeln darin 2-3 Minuten andünsten. Knoblauch und Champignons dazugeben, mit Thymian verfeinern und mit Salz und Pfeffer würzen.

2 Nudeln mit Brühe dazugeben und ca. 20 Minuten köcheln lassen, dabei gelegentlich umrühren.

3 Spinat waschen, trocken schleudern, zu den Nudeln geben, zusammenfallen lassen und Crème légère unterheben. Mit 1 EL Parmesan verfeinern und mit Salz und Pfeffer abschmecken. One-Pot-Pasta mit restlichem Parmesan bestreut servieren.

Carbonara mit sonnengetrockneten Tomaten

Für 4 Personen **Zubereitungszeit 5 Min.** **Garzeit 15 Min.**

12 12 12

1759 kJ | 420 kcal

240 g trockene Linguine
Salz, Pfeffer
2 Knoblauchzehen
3 EL vegane Halbfettmargarine
3 TL Mehl
600 ml ungesüßter Mandeldrink
40 g Hefeflocken
100 g getrocknete Tomaten in Öl
3 EL gehackte Petersilie

1 Nudeln nach Packungsanweisung in Salzwasser garen und abgießen. Knoblauch hacken. Für die Sauce Margarine in einer Pfanne auf mittlerer Stufe erhitzen und Knoblauch darin ca. 1 Minute andünsten. Mit Mehl bestäuben und ca. 2 Minuten anschwitzen. Mit Mandeldrink ablöschen, verrühren, 30 g Hefeflocken dazugeben, ca. 10 Minuten köcheln lassen und mit Salz und Pfeffer abschmecken.

2 Tomaten abgießen und in Streifen schneiden. Nudeln mit Tomaten und 2 EL Petersilie unter die Sauce heben. Nudeln mit Tomaten vermischen und mit restlicher Petersilie und restlichen Hefeflocken bestreuen. Carbonara servieren.

Nudeln mit Paprikapesto und Hähnchen

Für 4 Personen **Zubereitungszeit 20 Min.** **Garzeit 25 Min.** **Marinierzeit 30 Min.**

11 10 4

2063 kJ | 493 kcal

4 Hähnchenbrustfilets (à 120 g)
4 TL Olivenöl
1 TL Paprikapulver
Salz, Pfeffer
2 rote Paprika
30 g Sonnenblumenkerne
1 Knoblauchzehe
2 EL Weißweinessig
40 g geriebener Parmesan
240 g trockene Vollkorn-Penne

1 Hähnchenbrustfilets trocken tupfen. Für die Marinade 2 TL Öl mit Paprikapulver, Salz und Pfeffer verrühren, mit Hähnchenbrustfilet in einen Gefrierbeutel geben, gut verkneten und im Kühlschrank ca. 30 Minuten marinieren.

2 Backofen mit Grillfunktion auf 240° C (Gas: Stufe 5, Umluft: 220° C) vorheizen. Paprika waschen, halbieren und entkernen. Paprika mit der Hautseite nach oben auf ein mit Backpapier ausgelegtes Backblech legen und auf oberer Schiene backen, bis die Haut schwarz ist. Paprika unter fließendem Wasser häuten.

3 Hähnchenbrustfilets samt Marinade in eine Auflaufform (20 x 30 cm) geben und im Backofen auf mittlerer Schiene 20-25 Minuten grillen. Sonnenblumenkerne fettfrei in einer Pfanne auf mittlerer Stufe 2-3 Minuten rösten. Paprika mit Knoblauch, Sonnenblumenkernen, restlichem Öl, Essig und Parmesan pürieren. Paprikapesto mit Salz und Pfeffer abschmecken. Penne nach Packungsanweisung in Salzwasser garen und abgießen. Nudeln mit Paprikapesto vermischen und mit Hähnchen servieren.

Gut kombiniert

Dazu passt ein knackiger Blattsalat mit Joghurtdressing.

Chili-Knoblauch-Spaghetti mit Stangenbroccoli

Für 2 Personen **Zubereitungszeit 10 Min.** **Garzeit 15 Min.**

11 11 5

1838 kJ | 439 kcal

500 g Stangenbroccoli (alternativ 1 Broccoli)
120 g trockene Vollkorn-Spaghetti
Salz, Pfeffer
3 Sardellenfilets in Salzlake
3 Knoblauchzehen
3 TL Olivenöl
1 TL Chiliflocken
40 g Ziegenkäse, 50 % Fett i. Tr.

1 Stangenbroccoli waschen und in ca. 3 cm große Stücke schneiden. Nudeln nach Packungsanweisung in Salzwasser garen und Stangenbroccoli ca. 2 Minuten vor Ende der Garzeit zufügen.

2 Sardellenfilets abtropfen lassen und hacken. Knoblauch in dünne Scheiben schneiden. Öl in einer Pfanne auf mittlerer Stufe erhitzen und Knoblauch mit 1/2 TL Chiliflocken darin ca. 1 Minute andünsten. Sardellenfilets dazugeben und unter Rühren ca. 1 Minute mitbraten.

3 Nudeln mit Stangenbroccoli abgießen und dabei ca. 60 ml Nudelwasser auffangen. Nudel-Broccoli-Mischung in die Pfanne geben, unter Rühren 1–2 Minuten anbraten, mit Nudelwasser ablöschen und mit Salz und Pfeffer abschmecken. Ziegenkäse grob reiben. Chili-Knoblauch-Spaghetti mit Ziegenkäse und restlichen Chiliflocken bestreut servieren.

Kartoffeln

Ofenkartoffeln

4 4 0

Die SmartPoints Werte der Toppings sind inkl. 1 Ofenkartoffel (à 200 g)

Für 4 Personen **Zubereitungszeit 5 Min.** **Garzeit 80 Min.**

4 Ofenkartoffeln à 200 g mit einer Gabel mehrfach einstechen und mit **Salz** einreiben. Im vorgeheizten Backofen auf einem mit Backpapier ausgelegten Backblech bei 200° C (Gas: Stufe 4, Umluft: 180° C) ca. 80 Minuten garen.

Schinken-Käse-Topping

7 5 1

Für 4 Personen **Zubereitungszeit 15 Min.** **Garzeit 15 Min.** 1042 kJ | 249 kcal

100 g gekochten Schinken würfeln. **2 Eier (Größe M)** trennen. Kartoffeln einschneiden, aushöhlen und einen ca. 1 cm dicken Rand stehen lassen. Kartoffelmasse mit Schinken, Eigelb, **2 EL gehackter Petersilie, 2 EL entrahmter Milch** und **1 TL Senf** verrühren und mit Salz und Pfeffer würzen. Eiklar steif schlagen und unterheben. Masse in die Ofenkartoffeln füllen und mit **40 g geriebenem Käse, 30 % Fett i. Tr.,** bestreuen. Im Backofen bei 180° C (Gas: Stufe 2 Umluft: 160° C) 10–15 Minuten backen und servieren.

American-Salad-Topping

6 6 2

Für 4 Personen **Zubereitungszeit 15 Min.** **Garzeit 5 Min.** 911 kJ | 218 kcal

1 TL Rapsöl in einer Pfanne auf mittlerer Stufe erhitzen, **4 Scheiben rohen Schinken** darin ca. 2 Minuten braten und in grobe Stücke brechen. Für das Dressing **120 ml Buttermilch, Natur** mit **2 EL Salatcreme, bis 10 % Fett,** verquirlen und mit **Salz** und **Pfeffer** würzen. **200 g Cocktailtomaten** vierteln. **1/4 Eisbergsalat** waschen und in Stücke zerteilen. Ofenkartoffeln einschneiden und mit American-Salad-Topping servieren.

Thunfisch-Topping

7 6 2

Für 4 Personen **Zubereitungszeit 15 Min.** **Garzeit 10 Min.** 1174 kJ | 281 kcal

2 Dosen Thunfisch im eigenen Saft (à 150 g Abtropfgewicht) abtropfen lassen. **3 Frühlingszwiebeln** waschen, hacken und mit **Thunfisch, 2 EL Schnittlauchringen** und **2 EL Salatcreme, bis 10 % Fett** vermischen. **Kartoffeln** einschneiden, aushöhlen und einen ca. 1 cm dicken Rand stehen lassen. Kartoffelmasse mit Thunfischmischung verrühren, **salzen, pfeffern** und in die Kartoffeln füllen. Mit **40 g geriebenem Cheddar** bestreuen und bei 180° C (Gas: Stufe 2, Umluft: 160° C) ca. 10 Minuten backen und servieren.

Weiße-Bohnen-Topping

8 5 1

Für 4 Personen **Zubereitungszeit 10 Min.** **Garzeit 25 Min.** 1414 kJ | 338 kcal

1 rote Zwiebel und **1 rote Paprika** in dünne Streifen schneiden. **1 TL Olivenöl** in einer Pfanne erhitzen und beides darin 6–8 Minuten dünsten. **2 Dosen weiße Bohnen (à 255 g Abtropfgewicht)** abspülen und abtropfen lassen. **1 Knoblauchzehe** hacken, mit Bohnen, **400 g stückigen Tomaten (Konserve), 1 TL Paprikapulver, Salz, Pfeffer, 2 TL Rotweinessig** und **1 TL Agavendicksaft** zum Gemüse geben und ca. 15 Minuten köcheln lassen. Weiße-Bohnen-Topping mit **1 EL gehackter Petersilie** bestreut servieren.

Titel-
rezept

Spanische Tortilla mit Paprika

Für 4 Personen **Zubereitungszeit 20 Min.** **Garzeit 45 Min.**

10 4 2

1607 kJ | 384 kcal

400 g festkochende Kartoffeln
Salz, Pfeffer
2 Zwiebeln
1 rote Paprika
1/2 Bund glatte Petersilie
9 Eier (Größe M)
4 TL Olivenöl
150 g Rucola
250 g Cocktailtomaten
1 Salatgurke
2 EL dunkler Balsamicoessig
1 TL Zitronensaft

1 Kartoffeln waschen, in Scheiben schneiden, in Salzwasser 10–15 Minuten vorgaren und abgießen. Zwiebeln schälen und in Streifen schneiden. Paprika waschen, entkernen und in dünne Streifen schneiden. Petersilie waschen, trocken schütteln und hacken. Eier mit Salz und Pfeffer verquirlen.

2 2 TL Öl in einer ofenfesten Pfanne auf mittlerer Stufe erhitzen und Zwiebeln darin 2–3 Minuten andünsten. Paprika zufügen und weitere ca. 5 Minuten mitdünsten. Kartoffeln zugeben, mit Salz und Pfeffer würzen und Eier darübergießen. Tortilla auf niedriger Stufe 10–15 Minuten garen. Backofen mit Grillfunktion auf 240° C (Gas: Stufe 5, Umluft: 220° C) vorheizen.

3 Für den Salat Rucola waschen und trocken schleudern. Tomaten waschen und halbieren. Gurke waschen und längs in dünne Streifen schneiden. Für das Dressing restliches Öl mit Essig, Zitronensaft, Salz und Pfeffer verquirlen.

4 Tortilla im Backofen auf oberster Schiene 3–5 Minuten grillen, herausnehmen und ca. 5 Minuten auskühlen lassen. Salat mit Dressing vermischen. Spanische Tortilla mit Petersilie bestreuen und mit Salat servieren.

Bratkartoffeln mit Spiegelei und Gurkensalat

Für 2 Personen **Zubereitungszeit 15 Min.** **Garzeit 20 Min.**

13 7 2

2053 kJ | 491 kcal

1 Zwiebel
500 g festkochende Kartoffeln
2 Salatgurken
2 TL Rapsöl
100 g Magermilchjoghurt
1 TL Zitronensaft
Salz, Pfeffer
1 TL gehackter Dill
4 Eier (Größe M)
1 TL Schnittlauchringe

1 Zwiebel mit Kartoffeln schälen und würfeln. Gurken waschen, längs halbieren, Kerne mit einem Löffel entfernen und Gurken in Scheiben schneiden.

2 1 TL Öl in einer Pfanne auf mittlerer Stufe erhitzen, Zwiebeln und Kartoffeln darin ca. 2 Minuten andünsten und mit Deckel ca. 10 Minuten garen. Für das Dressing Joghurt mit Zitronensaft, Salz, Pfeffer und Dill verrühren.

3 Kartoffeln ohne Deckel weitere ca. 5 Minuten garen, dabei gelegentlich umrühren. Restliches Öl in einer Pfanne auf niedriger bis mittlerer Stufe erhitzen, Eier als Spiegeleier darin 5–8 Minuten braten und mit Salz und Pfeffer würzen. Gurken mit Dressing vermischen. Mit Schnittlauch bestreuen und Bratkartoffeln mit Spiegelei und Gurkensalat servieren.

Ann-Katrins Tipp:

Ich liebe die Kombination der Zutaten, alles ist hervorragend aufeinander abgestimmt. Den Gurkensalat habe ich mit Eisbergsalat ergänzt, das schmeckt super und macht richtig satt.

Kartoffel-Broccoli-Suppe mit Hähnchenspießen

Für 4 Personen **Zubereitungszeit 20 Min.** **Garzeit 30 Min.**

4 3 1

1092 kJ | 261 kcal

400 g mehligkochende Kartoffeln
1,5 L Gemüsebrühe (6 1/2 TL Instantpulver)
400 g Hähnchenbrustfilet
Salz, Pfeffer
2 Knoblauchzehen
2 Schalotten
1 Broccoli
2 TL Olivenöl
100 g Magermilchjoghurt
1 EL Schnittlauchringe

1 Kartoffeln schälen und würfeln. 1,3 Liter Brühe in einem Topf auf mittlerer Stufe aufkochen, Kartoffeln dazugeben und mit Deckel ca. 20 Minuten garen. Hähnchenbrustfilet trocken tupfen, in Würfel schneiden, mit Salz und Pfeffer würzen und auf 4 Spieße stecken. Knoblauch hacken. Schalotten schälen und fein würfeln. Broccoli waschen und in kleine Röschen teilen.

2 1 TL Öl in einer Pfanne auf mittlerer Stufe erhitzen und Hähnchenspieße darin ca. 15 Minuten rundherum braten. Restliches Öl in einer Pfanne auf mittlerer Stufe erhitzen und Schalotten darin 2–3 Minuten andünsten. Knoblauch und Broccoli dazugeben, 3–4 Minuten mitdünsten und mit restlicher Brühe ablöschen. Broccolimischung zu den Kartoffeln geben, mit Salz und Pfeffer würzen und 7–8 Minuten mitgaren.

3 Suppe pürieren, mit 50 g Joghurt verfeinern und mit Salz und Pfeffer abschmecken. Kartoffel-Broccoli-Suppe mit Schnittlauch bestreuen und mit restlichem Joghurt und Hähnchenspießen servieren.

Kartoffel-Rucola-Stampf mit Lachs

Für 2 Personen **Zubereitungszeit 20 Min.** **Garzeit 20 Min.**

12 6 2

2091 kJ | 500 kcal

400 g mehligkochende Kartoffeln
Salz, Pfeffer
1 unbehandelte Zitrone
2 Lachsfilets (à 125 g)
50 g Rucola
500 g Cocktailtomaten
1 rote Zwiebel
1 TL Olivenöl
2 EL heller Balsamicoessig
1 Knoblauchzehe
3 EL saure Sahne

1 Kartoffeln schälen und in Salzwasser ca. 20 Minuten garen. Backofen auf 200° C (Gas: Stufe 3, Umluft: 180° C) vorheizen. Zitrone in Scheiben schneiden und eine Auflaufform (15 x 20 cm) damit auslegen. Lachsfilet abspülen, trocken tupfen, auf die Zitronenscheiben legen und mit Salz und Pfeffer würzen. Lachs im Backofen auf mittlerer Schiene 15–20 Minuten garen.

2 Rucola waschen, trocken schleudern und grob hacken. Tomaten waschen und halbieren. Zwiebel schälen und in Streifen schneiden. Für das Dressing Öl mit Essig, Salz und Pfeffer verquirlen und mit Tomaten und Zwiebeln mischen.

3 Kartoffeln abgießen und zerstampfen. Knoblauch dazupressen und saure Sahne mit Rucola unterheben. Kartoffel-Rucola-Stampf mit Salz abschmecken und mit Lachs und Tomatensalat servieren.

Mehligkochende Kartoffeln

Mehligkochende Kartoffeln haben einen hohen Stärkegehalt und sind dadurch besonders weich und trocken. Für Pürees, Suppen, Knödel oder Ofenkartoffeln sind sie ideal geeignet.

Kartoffelsalat mit mediterranem Gemüse

Für 4 Personen **Zubereitungszeit 30 Min.** **Garzeit 30 Min.**

6 6 2

1098 kJ | 262 kcal

800 g festkochende Kartoffeln
1/2 TL Kümmel
Salz, Pfeffer
1 Aubergine
je 1 rote und gelbe Paprika
1 Zucchini
je 2 Zweige Rosmarin und Thymian
3 EL dunkler Balsamicoessig
1/2 unbehandelte Zitrone
1 EL Pesto rosso
75 ml Gemüsebrühe (1/4 TL Instantpulver)
2 TL Olivenöl
1 EL Pinienkerne
1/2 Bund Basilikum

1 Kartoffeln waschen und mit Schale und Kümmel in Salzwasser ca. 20 Minuten garen. Backofen auf 200° C (Gas: Stufe 3, Umluft: 180° C) vorheizen. Aubergine, Paprika und Zucchini waschen, Paprika entkernen und alles in mundgerechte Stücke schneiden. Kräuter waschen, trocken schütteln und fein hacken.

2 Gemüse auf einem mit Backpapier ausgelegten Backblech verteilen, mit Salz und Pfeffer würzen und mit Kräutern und Essig vermischen. Gemüse im Backofen auf mittlerer Schiene ca. 20 Minuten garen.

3 Für das Dressing Zitronenschale abreiben und Zitronenhälfte auspressen. Zitronensaft und -schale mit Pesto, Brühe und Öl verrühren und mit Salz und Pfeffer würzen. Kartoffeln abgießen, pellen und in Stücke schneiden. Kartoffeln noch warm mit Dressing mischen und ca. 10 Minuten ziehen lassen.

4 Pinienkerne fettfrei in einer Pfanne auf mittlerer Stufe 2–3 Minuten rösten. Basilikum waschen, trocken schütteln und grob hacken. Ofengemüse und Pinienkerne unter den Salat heben und mit Basilikum bestreuen. Kartoffelsalat mit mediterranem Gemüse servieren.

Festkochende Kartoffeln

Festkochende Kartoffeln sind aufgrund ihres geringen Stärkegehaltes schnitt- und bissfester als mehligkochende Kartoffeln. Sie eignen sich besonders gut für Gratin, Bratkartoffeln, Kartoffelsalat sowie Kartoffelpuffer.

Kartoffel-Wurzel-Gemüse mit Schweinefilet

Für 4 Personen **Zubereitungszeit 15 Min.** **Garzeit 40 Min.**

9 8 5

1615 kJ | 386 kcal

500 g festkochende Kartoffeln
3 Pastinaken
4 Karotten
2 TL Olivenöl
Salz, Pfeffer
600 g Schweinefilet
2 TL Halbfettmargarine
2 EL Schnittlauchringe
100 g Crème légère
1 EL Senf
2 EL Kresse

1 Backofen auf 200° C (Gas: Stufe3, Umluft: 180° C) vorheizen. Kartoffeln waschen, Pastinaken schälen und beides in Spalten schneiden. Karotten schälen und in Stifte schneiden. Kartoffel-Wurzel-Gemüse in einer Auflaufform (20 x 30 cm) verteilen, mit Öl mischen, mit Salz und Pfeffer würzen und im Backofen auf mittlerer Schiene ca. 40 Minuten backen.

2 Schweinefilet trocken tupfen. Margarine in einer Pfanne auf hoher Stufe schmelzen und Schweinefilet darin ca. 5 Minuten rundherum braten. Mit Salz und Pfeffer würzen und ca. 20 Minuten vor Ende der Garzeit in die Auflaufform geben.

3 Für den Dip Schnittlauch mit Crème légère und Senf verrühren und mit Salz und Pfeffer abschmecken. Schweinefilet herausnehmen, in Folie wickeln, kurz ruhen lassen und in Scheiben schneiden. Kartoffel-Wurzel-Gemüse mit Kresse bestreuen und mit Schweinefilet und Kräuterdip servieren.

Rotes Kartoffelcurry mit Garnelen

Für 4 Personen Zubereitungszeit 25 Min. Garzeit 30 Min.

9 9 4

1514 kJ | 362 kcal

400 g Süßkartoffeln
300 g mehligkochende Kartoffeln
1 rote Zwiebel
100 g Zuckererbsenschoten
3 rote Paprika
1 Stück Ingwer (ca. 3 cm)
1 unbehandelte Limette
1 TL Sonnenblumenöl
2 TL rote Currypaste
1 Knoblauchzehe
200 ml fettreduzierte Kokosmilch
100 ml Gemüsebrühe (1/2 TL Instantpulver)
160 g küchenfertige Garnelen
200 g passierte Tomaten (Konserve)
Salz, Pfeffer
2 EL gehackter Koriander

1 Süßkartoffeln und Kartoffeln schälen und würfeln. Zwiebel schälen und in Streifen schneiden. Zuckererbsenschoten waschen und schräg halbieren. Paprika waschen, entkernen und in Streifen schneiden. Ingwer schälen und fein reiben. Limettenschale abreiben und Limette auspressen.

2 Öl in einem Topf auf mittlerer Stufe erhitzen und Zwiebeln darin 3–5 Minuten andünsten. Currypaste zugeben und ca. 1 Minute mitdünsten. Süßkartoffeln, Kartoffeln, Paprika, Ingwer und Limettenschale dazugeben, Knoblauch dazupressen, mit Kokosmilch und Brühe ablöschen und mit Deckel ca. 15 Minuten garen.

3 Garnelen abspülen und trocken tupfen. Mit Tomaten und Zuckererbsenschoten zum Curry geben und mit Deckel weitere ca. 5 Minuten garen. Rotes Kartoffelcurry mit Limettensaft, Salz und Pfeffer abschmecken und mit Koriander bestreut servieren.

Süßkartoffeln

Trotz ihres hohen Zuckergehalts lässt die gesunde Knolle den Blutzuckerspiegel nur langsam ansteigen. Das enthaltene Vitamin E und die vielen Mineralstoffe machen sie so gesund.

Gnocchi mit cremiger Gemüse-Tatar-Sauce

Für 4 Personen   Zubereitungszeit 15 Min.   Garzeit 15 Min.

11 10 10

1788 kJ | 427 kcal

1 Zwiebel
500 g Zucchini
1 TL Rapsöl
400 g Tatar
Salz, Pfeffer
1 Knoblauchzehe
200 ml Gemüsebrühe (1 TL Instantpulver)
200 g Erbsen (TK)
500 g Gnocchi (Kühltheke)
1/2 Bund Basilikum
100 g Crème légère

1 Zwiebel schälen und würfeln. Zucchini waschen, längs halbieren und in Scheiben schneiden. Öl in einer Pfanne auf mittlerer Stufe erhitzen, Tatar darin krümelig anbraten und mit Salz und Pfeffer würzen.

2 Zwiebeln zufügen, Knoblauch dazupressen und kurz mitbraten. Zucchini zufügen, mit Brühe ablöschen und ca. 3 Minuten garen. Erbsen zu den Zucchini geben und mit Deckel weitere ca. 5 Minuten garen. Gnocchi nach Packungsanweisung in Salzwasser garen.

3 Basilikum waschen, trocken schütteln und hacken. Sauce mit Crème légère und Basilikum verfeinern und mit Salz und Pfeffer abschmecken. Gnocchi mit einer Schaumkelle herausnehmen und mit Gemüse-Tatar-Sauce servieren.

Ann-Katrins Tipp:

Das Rezept ist super easy zubereitet und hat meine Familie und mich geschmacklich auf ganzer Linie überzeugt. Die Gnocchi sind perfekt, wenn es mal schnell gehen muss – mein Lieblingsrezept bis jetzt!

Rosmarin-Knoblauch-Pommes mit Limettenmayo

Für 4 Personen **Zubereitungszeit 15 Min.** **Garzeit 35 Min.**

8 7 2

1101 kJ | 263 kcal

1 kg festkochende Kartoffeln
2 Knoblauchzehen
1/2 unbehandelte Limette
1 EL Olivenöl
1 EL gehackter Rosmarin
Salz, Pfeffer
100 g Magermilchjoghurt
100 g Salatcreme, bis 10 % Fett
1 Msp. Paprikapulver

1 Backofen auf 200° C (Gas: Stufe 3, Umluft: 180° C) vorheizen. Kartoffeln waschen und in Stifte schneiden. Knoblauch hacken. Limettenschale abreiben und Limettenhälfte auspressen. Öl mit Knoblauch, 1 Msp. Limettenschale, Rosmarin, Salz und Pfeffer vermischen.

2 Kartoffelstifte mit Ölmischung verrühren und auf einem mit Backpapier ausgelegten Backblech verteilen. Pommes im Backofen auf mittlerer Schiene 30–35 Minuten backen, dabei nach der Hälfte der Backzeit wenden.

3 Für die Limettenmayo restliche Limettenschale, Limettensaft, Joghurt, Salatcreme und Paprikapulver verrühren und mit Salz und Pfeffer abschmecken. Rosmarin-Knoblauch-Pommes mit Limettenmayo servieren.

Dazu passt …

… ein frischer Salat aus 200 g Feldsalat, 200 g halbierten Cocktailtomaten, 1 Gurke in Würfeln, Salz, Pfeffer und 2 Becher WW Balsamico Dressing. Der SmartPoints Wert erhöht sich in jedem Plan um 1.

Optimal für leckere Salatbeilagen

Die leckeren Dressings gibt es in drei leckeren Sorten: French-, Balsamico- und Zitronen-Joghurt-Dressing. Erhältlich in gut sortierten Supermärkten oder auf wwshop.de.

Kartoffel-Erbsen-Suppe mit Schinkenchips

Für 4 Personen   Zubereitungszeit 25 Min.   Garzeit 30 Min.

6 5 1

1141 kJ | 273 kcal

8 Scheiben roher Schinken
800 g mehligkochende Kartoffeln
2 Karotten
1 Zwiebel
3 Stangen Staudensellerie
1/2 unbehandelte Zitrone
1 TL Olivenöl
1,3 Liter Gemüsebrühe (5 TL Instantpulver)
Salz, Pfeffer
2 TL gehackter Thymian
150 g Erbsen (TK)

1 Backofen auf 120° C (Gas: Stufe 1, Umluft: 100° C) vorheizen. Schinken auf einem mit Backpapier ausgelegten Backblech verteilen und im Backofen auf mittlerer Schiene ca. 30 Minuten backen. Kartoffeln, Karotten und Zwiebel schälen und in Stücke schneiden. Sellerie waschen und in Scheiben schneiden. Zitronenschale abreiben und 1 TL Zitronensaft auspressen.

2 Öl in einem Topf auf mittlerer Stufe erhitzen und Kartoffeln und Zwiebeln darin 3–5 Minuten andünsten. Karotten und Sellerie zugeben und mit Brühe ablöschen. Suppe mit Salz und Pfeffer würzen, mit 1 TL Thymian, Zitronensaft und -schale verfeinern und ca. 20 Minuten köcheln lassen.

3 Erbsen zur Suppe geben und weitere ca. 5 Minuten köcheln lassen. Suppe grob pürieren und mit Salz und Pfeffer abschmecken. Schinken in Stücke brechen und Kartoffel-Erbsen-Suppe mit Schinkenchips und restlichem Thymian garniert servieren.

Ann-Katrins Tipp:

Die Suppe lässt sich wunderbar für den nächsten Tag vorkochen. Lediglich die Schinkenchips habe ich vor dem Essen frisch zubereitet.

Italienisches Hähnchenblech mit Kartoffelspalten

Für 4 Personen **Zubereitungszeit 25 Min.** **Garzeit 55 Min.**

6 5 2

1478 kJ | 353 kcal

600 g festkochende Kartoffeln
Salz, Pfeffer
1 Fenchelknolle
300 g Cocktailtomaten
je 1 rote und gelbe Paprika
1 unbehandelte Zitrone
50 g entsteinte schwarze Oliven in Lake
1 EL getrockneter Oregano
4 Hähnchenbrustfilets (à 120 g)
1 TL Olivenöl
1 EL Pinienkerne
1/2 Bund Basilikum

1 Kartoffeln schälen, in Spalten schneiden und in Salzwasser ca. 8 Minuten vorgaren. Backofen auf 200° C (Gas: Stufe 3, Umluft: 180° C) vorheizen. Fenchel waschen, halbieren, den Strunk entfernen und in Spalten schneiden. Tomaten waschen und halbieren. Paprika waschen, entkernen und in Stücke schneiden. Zitrone halbieren. Kartoffeln abgießen und ausdampfen lassen.

2 Kartoffeln, Tomaten, Fenchel, Paprika und Zitrone mit Oliven und Oregano mischen und auf einem Backblech verteilen. Hähnchenbrustfilets trocken tupfen und daraufgeben, mit Öl beträufeln und mit Salz und Pfeffer würzen.

3 Hähnchenblech im Backofen auf mittlerer Schiene 40–45 Minuten garen, Pinienkerne ca. 10 Minuten vor Ende der Garzeit zufügen. Basilikum waschen, trocken schütteln und Blätter abzupfen. Italienisches Hähnchenblech mit Basilikum bestreut servieren.

Kartoffel-Estragon-Pfanne mit Spargel und Rind

Für 2 Personen **Zubereitungszeit 20 Min.** **Garzeit 25 Min.**

8 8 3

1728 kJ | 413 kcal

500 g festkochende Kartoffeln
2 Schalotten
500 g grüner Spargel
250 g Rinderfilet
1 TL Rapsöl
Salz, Pfeffer
100 ml Wasser
1 Bund Estragon
1/2 unbehandelte Zitrone
1 Knoblauchzehe
50 ml Gemüsebrühe (1/4 TL Instantpulver)

1 Kartoffeln schälen und in Würfel schneiden. Schalotten schälen und in Streifen schneiden. Spargel waschen, das untere Drittel schälen und Spargel in Stücke schneiden, dabei dickere Stangen gegebenenfalls halbieren. Rinderfilet trocken tupfen und in Streifen schneiden.

2 Öl in einer Pfanne auf mittlerer bis hoher Stufe erhitzen und Rinderfilet darin ca. 3 Minuten rundherum braten. Mit Salz und Pfeffer würzen und herausnehmen. Kartoffeln und Schalotten mit Wasser zum Bratensatz geben und auf niedriger bis mittlerer Stufe mit Deckel ca. 10 Minuten dünsten. Spargel dazugeben und mit Deckel weitere ca. 10 Minuten garen.

3 Estragon waschen und trocken schütteln. Zitronenschale abreiben und 2 TL Zitronensaft auspressen. Estragon mit Knoblauch, Zitronenschale, Zitronensaft und Brühe pürieren und mit Salz und Pfeffer abschmecken.

4 Estragonpesto zur Kartoffelpfanne geben, Rinderfilet unterheben und kurz erwärmen. Kartoffel-Estragon-Pfanne mit Salz und Pfeffer abschmecken und servieren.

Zitronen-Petersilien-Kartoffeln mit Hähnchenschnitzel

Für 4 Personen Zubereitungszeit 40 Min. Garzeit 25 Min.

10 8 5

1962 kJ | 469 kcal

700 g festkochende Kartoffeln
Salz, Pfeffer
2 unbehandelte Zitronen
6 EL Pankomehl
1 Ei (Größe M)
4 Hähnchenbrustfilets (à 120 g)
2 TL Olivenöl
20 g gehackte Haselnüsse
1 Knoblauchzehe
1 TL Dijonsenf
1 EL Wasser
1 Salatgurke
2 Stangen Staudensellerie
2 Fenchelknollen
60 g Rucola
20 g Parmesanhobel
3 EL Salatcreme, 10 % Fett
3 EL gehackte Petersilie

1 Kartoffeln schälen, vierteln und in Salzwasser ca. 20 Minuten garen. Backofen auf 200° C (Gas: Stufe 3, Umluft: 180° C) vorheizen. Zitronenschale von 1 Zitrone abreiben und Zitrone auspressen. Restliche Zitrone in Spalten schneiden. Zitronenschale mit Pankomehl in einem tiefen Teller mischen. Ei in einem weiteren tiefen Teller verquirlen. Hähnchenbrustfilets trocken tupfen, ca. 1 cm dick flachklopfen, erst in Ei und danach in Panko-Zitronen-Mehl wenden.

2 1 TL Öl in einer Pfanne auf hoher Stufe erhitzen und Hähnchenschnitzel darin ca. 1 Minute von jeder Seite braten, auf einem mit Backpapier ausgelegten Backblech verteilen und im Backofen auf mittlerer Schiene ca. 10 Minuten backen.

3 Haselnüsse fettfrei in einer Pfanne auf mittlerer Stufe 2–3 Minuten rösten. Knoblauch pressen. Für das Dressing restliches Öl mit 2 TL Zitronensaft, 1/2 TL Senf, Knoblauch, Wasser, Salz und Pfeffer verrühren. Gurke waschen und längs in Streifen schneiden. Sellerie waschen und in feine Scheiben schneiden. Fenchel waschen, halbieren, den Strunk entfernen und in dünne Streifen schneiden. Rucola waschen und trocken schleudern. Salatzutaten mit Dressing mischen und mit Parmesan bestreuen.

4 Kartoffeln abgießen. Salatcreme mit restlichem Zitronensaft, restlichem Senf und Petersilie vermischen, salzen, pfeffern und Kartoffeln unterheben. Zitronen-Petersilien-Kartoffeln mit Hähnchenschnitzel und Salat servieren.

Reis & Co.

Bohnen-Mandel-Paste

Für 4 Personen **Zubereitungszeit 10 Min.** **Garzeit 5 Min.**

3 1 1

459 kJ | 110 kcal

Hierzu knackige Gemüsesticks für null Punkte oder pro Person 50 g Fladenbrot servieren

3 3 3

1 Schalotte schälen und fein würfeln. **1 TL Olivenöl** in einer Pfanne auf mittlerer Stufe erhitzen und Schalotten darin 2–3 Minuten dünsten. **1 Dose weiße Bohnen (255 g Abtropfgewicht)** abspülen und abtropfen lassen. Von **1/2 unbehandelten Zitrone** 1 Msp. Zitronenschale abreiben und 1 EL Zitronensaft auspressen. Bohnen mit Schalotten, **1 TL Thymian,** Zitronensaft und -schale pürieren und mit **1 EL Mandelmus** verrühren. Bohnen-Mandel-Paste mit **Salz** und **Pfeffer** abschmecken und servieren.

Frischkäse-Couscous-Dip

2 2 2

Für 4 Personen **Zubereitungszeit 10 Min.** **Garzeit 5 Min.** 334 kJ | 80 kcal

70 g trockenen Couscous nach Packungsanweisung in Salzwasser garen und ca. 10 Minuten abkühlen lassen. **1 Mini-Gurke** waschen und fein würfeln. **40 g Frischkäse, bis 5 % Fett absolut** mit **1 Msp. Kreuzkümmel** verrühren. Couscous mit Frischkäse, Gurke und **3 EL Granatapfelkernen** vermischen und mit **Salz** und **Pfeffer** abschmecken. Frischkäse-Couscous-Dip servieren.

Karotten-Linsen-Creme

3 1 1

Für 2 Personen **Zubereitungszeit 10 Min.** **Garzeit 20 Min.** 547 kJ | 131 kcal

1 Karotte schälen und fein würfeln. **1 Frühlingszwiebel** waschen und in dünne Ringe schneiden. **1 TL Rapsöl** in einem Topf auf mittlerer Stufe erhitzen und Karotten mit Frühlingszwiebeln darin 2–3 Minuten andünsten. **60 g trockene, gelbe Linsen** dazugeben, kurz mitdünsten, mit **150 ml Wasser** ablöschen und auf niedriger Stufe 15–18 Minuten garen. Masse pürieren und mit **1 TL italienischen Kräutern** und **1 TL Zitronensaft** verfeinern. Karotten-Linsen-Creme mit **Salz** und **Pfeffer** abschmecken und servieren.

Quinoa-Tofu-Aufstrich

3 3 0

Für 4 Personen **Zubereitungszeit 5 Min.** **Garzeit 15 Min.** 508 kJ | 121 kcal

100 g trockene Quinoa nach Packungsanweisung in Salzwasser garen. **1 kleine rote Paprika** waschen, entkernen und fein würfeln. **100 g Seidentofu** mit **1 EL Sojasauce, 1 TL Curry** und **2 EL Ananassaft** pürieren. Quinoa und Paprikawürfel unterheben, mit **Salz** und **Pfeffer** abschmecken und servieren.

Quinoa-Hähnchen-Bowl mit Sesam-Ingwer-Dressing

Für 4 Personen **Zubereitungszeit 20 Min.** **Garzeit 30 Min.**

8 7 2

1819 kJ | 435 kcal

200 g trockene Quinoa
Salz, Pfeffer
500 g Hähnchenbrustfilet
4 Baby-Pak-Choi
150 g Zuckererbsenschoten
1 Stück Ingwer (ca. 3 cm)
4 Karotten
2 TL Sesam
2 EL Reisessig
1 1/2 EL Misopaste
2 TL Sesamöl
2 TL Honig
1 EL Sojasauce
2 EL Wasser

1 Quinoa nach Packungsanweisung in Salzwasser garen. Hähnchenbrustfilet trocken tupfen, in einem Topf mit Dämpfeinsatz geben und mit Deckel ca. 20 Minuten dämpfen.

2 Pak Choi waschen und längs halbieren. Zuckererbsenschoten waschen und schräg halbieren. Pak Choi und Zuckererbsenschoten in Salzwasser 3–5 Minuten blanchieren, abgießen und kalt abschrecken.

3 Ingwer schälen und reiben. Karotten schälen und in feine Streifen schneiden. Sesam fettfrei in einer Pfanne auf mittlerer Stufe 2–3 Minuten rösten. Für das Dressing Essig, Misopaste, Öl, Honig, Ingwer, Sojasauce und Wasser verquirlen.

4 Hähnchenbrustfilet in Tranchen schneiden, mit Quinoa, Pak Choi, Zuckererbsenschoten und Karotten jeweils separat in einer Schüssel anrichten. Quinoa-Hähnchen-Bowl mit Dressing beträufeln, mit Sesam bestreuen und servieren.

Quinoa

Quinoa liefert dem Körper neben vielen Vitaminen auch viel Eiweiß. Die Quinoa-Pflanze stammt aus den Anden, wo die nahrhaften Samen zum Grundnahrungsmittel gehören. Hierzulande ist sie bei der glutenfreien Ernährung beliebt

Mexikanische Bohnenwraps

Für 4 Stück Zubereitungszeit 15 Min. Garzeit 20 Min.

9 6 6

1463 kJ | 350 kcal

1 kleine Zwiebel
3 Tomaten
1/4 Eisbergsalat
je 1 Dose Kidneybohnen und weiße Bohnen (à 255 g Abtropfgewicht)
1 TL Olivenöl
2 Knoblauchzehen
1/4 TL Chiliflocken
2 EL dunkler Balsamicoessig
Salz, Pfeffer
4 kleine Vollkorn-Tortillawraps
2 EL saure Sahne
60 g geriebener Käse, 30 % Fett i. Tr.

1 Zwiebel schälen und in Streifen schneiden. Tomaten waschen und würfeln. Salat waschen, trocken schleudern und in feine Streifen schneiden. Bohnen abspülen und abtropfen lassen.

2 Öl in einer Pfanne auf mittlerer Stufe erhitzen und Zwiebeln darin 2–3 Minuten anbraten. Knoblauch dazupressen, ca. 1 Minute mitbraten und mit Chiliflocken verfeinern. Tomaten und Essig dazugeben, mit Salz und Pfeffer würzen und mit Deckel ca. 5 Minuten köcheln lassen. Bohnen dazugeben und weitere ca. 10 Minuten garen.

3 Tortillawraps erwärmen und mit saurer Sahne bestreichen. Bohnenmischung, Salat und Käse auf den Wraps verteilen und aufrollen. Mexikanische Bohnenwraps servieren.

Ausgetauscht

Probier doch mal die WW Protein Wraps. Sie haben in jedem Plan nur 3 SmartPoints und sind erhältlich im WW Studio oder auf wwshop.de.

Kreolischer Bohnentopf mit Garnelen

Für 4 Personen **Zubereitungszeit 25 Min.** **Garzeit 50 Min.**

11 7 3

1993 kJ | 476 kcal

2 Karotten
2 Zwiebeln
1 grüne Paprika
1 Stange Staudensellerie
50 g Chorizo
1/2 Bund Petersilie
1 Knoblauchzehe
125 ml trockener Weißwein
400 g stückige Tomaten (Konserve)
Salz, Pfeffer
150 g trockener Naturreis
700 ml Gemüsebrühe (3 TL Instantpulver)
je 1 TL Paprikapulver, gehackter Thymian und Oregano
300 g küchenfertige Garnelen
1 TL Rapsöl
1 Dose braune Linsen (265 g Abtropfgewicht)
1 Dose Kidneybohnen (255 g Abtropfgewicht)

1. Karotten mit Zwiebeln schälen und würfeln. Paprika waschen, entkernen und würfeln. Sellerie waschen und in Scheiben schneiden. Chorizo würfeln. Petersilie waschen, trocken schütteln und hacken.

2. Chorizo in einem Topf auf mittlerer Stufe fettfrei ca. 3 Minuten anbraten. Karotten, Paprika und Zwiebeln mit Sellerie zufügen und ca. 5 Minuten mitbraten. Knoblauch dazupressen, mit Weißwein und Tomaten ablöschen und mit Salz und Pfeffer würzen. Reis und Brühe zufügen, mit Paprikapulver, Thymian und Oregano verfeinern und ca. 35 Minuten köcheln lassen.

3. Garnelen abspülen und trocken tupfen. Öl in einer Pfanne auf mittlerer Stufe erhitzen und Garnelen darin ca. 5 Minuten anbraten. Linsen mit Kidneybohnen abspülen und abtropfen lassen. Garnelen mit Linsen, Kidneybohnen und Petersilie unter das Gemüse rühren, kurz erwärmen und mit Salz und Pfeffer abschmecken. Kreolischen Bohnentopf servieren.

Schon gewusst?

Naturreis ist auch bekannt als brauner Reis oder Vollkornreis. Dadurch, dass der Reis kaum vorbehandelt ist, enthält er mehr Vitalstoffe als weißer Reis. Die Ballaststoffe sorgen für eine langanhaltende Sättigung.

Buntes Wokgemüse mit Chili

Für 4 Personen Zubereitungszeit 15 Min. Garzeit 30 Min.

4 4 2

962 kJ | 230 kcal

240 g trockener Naturreis
Salz
2 EL süße Asia-Chilisauce
1 EL Chilisauce
60 ml Sojasauce
2 EL Reiswein (Mirin)
1 EL Speisestärke
100 g Radieschen
2 rote Paprika
2 Pak Choi
100 g Maiskölbchen (Konserve)
1 Stück Ingwer (ca. 3 cm)
2 Knoblauchzehen
2 Frühlingszwiebeln
100 g Zuckererbsenschoten
2 TL Olivenöl
2 EL gehackter Koriander

1 Reis nach Packungsanweisung in Salzwasser garen. Für die Sauce Asia-Chilisauce mit Chilisauce, Sojasauce Reiswein und 60 ml Wasser verrühren. 2 EL Sauce mit Speisestärke zu einer Paste anrühren und mit der Sauce verrühren.

2 Radieschen waschen und vierteln. Paprika waschen, entkernen und in Streifen schneiden. Pak Choi waschen und in Stücke schneiden. Maiskolben halbieren. Ingwer schälen und mit Knoblauch fein hacken. Frühlingszwiebeln waschen und schräg in feine Ringe schneiden. Zuckererbsenschoten waschen und halbieren.

3 Öl in einer großen Pfanne auf hoher Stufe erhitzen und Radieschen, Paprika, Pak Choi und Maiskölbchen darin 3–4 Minuten anbraten. Ingwer und Knoblauch zufügen, ca. 1 Minute mitbraten, mit Sauce ablöschen und weitere 1–2 Minuten köcheln lassen.

4 Reis auf 4 Schüsseln verteilen und Gemüse darauf anrichten. Buntes Wokgemüse mit Frühlingszwiebeln und Koriander bestreut servieren.

Rote-Linsen-Suppe mit Chorizo

Für 4 Personen **Zubereitungszeit 5 Min.** **Garzeit 25 Min.**

7 4 4

1220 kJ | 292 kcal

1 Zwiebel
2 Knoblauchzehen
100 g Chorizo
1 TL Olivenöl
1 TL geräuchertes Paprikapulver
1/2 TL Kreuzkümmel
180 g trockene rote Linsen
750 ml Gemüsebrühe (3 1/2 TL Instantpulver)
400 g stückige Tomaten (Konserve)
2 EL gehackte Petersilie

1 Zwiebel schälen und mit Knoblauch fein würfeln. Chorizo würfeln. Öl in einer Pfanne auf mittlerer Stufe erhitzen, Chorizo darin ca. 2 Minuten rundherum braten und herausnehmen.

2 Zwiebeln mit Knoblauch im Bratensatz ca. 5 Minuten andünsten und mit Paprikapulver und Kreuzkümmel würzen. Linsen zufügen, mit Brühe und Tomaten ablöschen, kurz aufkochen und auf niedriger Stufe mit Deckel ca. 15 Minuten köcheln lassen.

3 Chorizo dazugeben und kurz erwärmen. Rote-Linsen-Suppe mit Petersilie bestreut servieren.

Rote und gelbe Linsen

Gerichte im Orient bekommen ihre tolle Farbgebung häufig durch die roten und gelben Linsen. Da sie beim Kauf bereits geschält sind, eignen sie sich besonders für schnelle Suppen, Currys, Salate und Pürees. Vegetariern dienen sie als gute Eiweißquelle.

Warmer Linsensalat mit Kabeljau

Für 2 Personen **Zubereitungszeit 30 Min.** **Garzeit 10 Min.**

11 2 2

2566 kJ | 613 kcal

200 g trockene Belugalinsen
400 ml Gemüsebrühe (2 TL Instantpulver)
1 rote Zwiebel
2 Karotten
2 Tomaten
1/2 Mango
2 Kabeljaufilets (à 150 g, frisch oder TK)
3 TL Olivenöl
Salz, Pfeffer
2 TL Zitronensaft
50 g Pflücksalatmischung (Kühltheke)
2 EL Weißweinessig
2 EL gehackte Petersilie

1 Linsen nach Packungsanweisung in Brühe garen. Zwiebel schälen und würfeln. Karotten schälen und raspeln. Tomaten waschen und würfeln. Mango schälen, das Fruchtfleisch vom Stein schneiden und fein würfeln.

2 Kabeljau abspülen und trocken tupfen, TK-Kabeljau gegebenenfalls auftauen lassen. 1 TL Öl in einer Pfanne auf mittlerer Stufe erhitzen und Kabeljau darin ca. 5 Minuten von jeder Seite braten. Mit Salz und Pfeffer würzen, mit Zitronensaft beträufeln, herausnehmen und warm stellen.

3 Karotten, Zwiebeln und Tomaten im Bratensatz ca. 5 Minuten anbraten. Salat waschen und trocken schleudern. Für das Dressing restliches Öl mit Essig, Salz und Pfeffer verrühren, mit Salat, Mango, Gemüsemischung, Linsen und Petersilie mischen und mit Salz und Pfeffer abschmecken. Warmen Linsensalat mit Kabeljau servieren.

Schon gewusst?

Klein, schwarz und glänzend – das sind Belugalinsen, auch Kaviarlinsen oder schwarze Linsen genannt. Die fettarmen und ballaststoffreichen Linsen eignen sich dank ihrer festen Konsistenz und des nussigen Aromas ideal für Salate.

Marokkanische Reispfanne mit Hackfleisch

Für 4 Personen **Zubereitungszeit 10 Min.** **Garzeit 20 Min.**

11 8 8

2030 kJ | 485 kcal

1 Zwiebel
1 Dose Kichererbsen (265 g Abtropfgewicht)
70 g getrocknete Aprikosen
1 TL Olivenöl
500 g Geflügelhackfleisch (aus Geflügelbrustfilet)
1 EL Ras el-Hanout
200 g trockener Basmatireis
450 ml Geflügelfond
2 EL gehackte Petersilie
Salz, Pfeffer
100 g griechischer Joghurt, Natur, bis 0,2 % Fett
100 g Granatapfelkerne

1 Zwiebel schälen und würfeln. Kichererbsen abspülen und abtropfen lassen. Aprikosen in Streifen schneiden. Öl in einer Pfanne auf mittlerer Stufe erhitzen, Zwiebeln mit Hackfleisch darin ca. 5 Minuten anbraten und mit Ras el-Hanout würzen.

2 Kichererbsen, Reis und Aprikosen dazugeben, mit Fond ablöschen, kurz aufkochen und auf niedriger Stufe mit Deckel ca. 10 Minuten köcheln lassen.

3 Reispfanne mit 1 EL Petersilie verfeinern, mit Salz und Pfeffer würzen und Joghurt garnieren. Marokkanische Reispfanne mit Granatapfelkernen und restlicher Petersilie bestreut servieren.

Ann-Katrins Tipp:

Als Beilage zu dem Rezept habe ich noch einen kleinen Salat ergänzt, der für zusätzliche Frische gesorgt hat. Die Portionsgrößen sind super und machen für die Anzahl der Punkte angenehm satt. Das Rezept ist einer meiner Favoriten!

Vietnamesischer Nudelsalat mit Roastbeef

Für 4 Personen **Zubereitungszeit 20 Min.** **Garzeit 10 Min.**

8 8 8

1695 kJ | 405 kcal

500 g Roastbeef
Salz, Pfeffer
1 TL Olivenöl
200 g trockene Reisnudeln
1 unbehandelte Limette
1 Stück Ingwer (ca. 3 cm)
1 rote Chilischote
1 Salatgurke
4 Karotten
200 g Cocktailtomaten
1 EL Fischsauce
1 EL Sojasauce
2 EL gehackter Koriander
2 EL gehackte Minze

1 Roastbeef mit Salz und Pfeffer würzen. Öl in einer Pfanne auf hoher Stufe erhitzen, Roastbeef darin von jeder Seite 3–4 Minuten anbraten und herausnehmen.

2 Nudeln nach Packungsanweisung in Salzwasser garen. Limettenschale abreiben, Limette halbieren und auspressen. Ingwer schälen und fein hacken. Chilischote waschen, entkernen und fein hacken. Gurke waschen, Karotte schälen und beides in feine Streifen schneiden. Tomaten waschen und halbieren.

3 Roastbeef in schmale Streifen schneiden. Für das Dressing Fischsauce mit Sojasauce, Limettenschale, -saft, Ingwer und Chili verrühren. Dressing mit Nudeln, Roastbeef und Gemüse vermischen. Vietnamesischer Nudelsalat mit Koriander und Minze bestreut servieren.

Reisnudeln

Reisnudeln werden aus Reismehl hergestellt. Die Nudeln sind dünn wie Fäden, daher nennt man sie oft auch Reisfadennudeln. Manchen Sorten wird noch Maisstärke oder Tapiokamehl zugefügt, um die Konsistenz und Farbigkeit zu verbessern.

Spargelrisotto mit Lachs

Für 4 Personen Zubereitungszeit 20 Min. Garzeit 35 Min.

13 8 8

2183 kJ | 522 kcal

1 Stange Lauch
1 Knoblauchzehe
3 TL Olivenöl
200 g Risotto-Reis, z. B. Arborio
150 ml trockener Weißwein
800 ml heißer Fischfond
500 g grüner Spargel
Salz, Pfeffer
1 Msp. Zitronenpfeffer
400 g Lachsfilet
40 g geriebener Parmesan
2 EL gehackter Dill

1 Lauch waschen und in Ringe schneiden. Knoblauch in Scheiben schneiden. 1 TL Öl in einem Topf auf mittlerer Stufe erhitzen und Lauch mit Knoblauch darin 3–4 Minuten andünsten.

2 Reis dazugeben und ca. 2 Minuten mitdünsten. Mit Weißwein und Fond ablöschen, bis der Reis knapp bedeckt ist und auf niedriger bis mittlerer Stufe 25–30 Minuten köcheln lassen, dabei regelmäßig Fond nachgießen und umrühren.

3 Spargel waschen, das untere Drittel schälen und Spargel in Stücke schneiden. Restliches Öl in einer Pfanne auf mittlerer Stufe erhitzen, Spargel darin 7–10 Minuten rundherum braten und mit Salz und Zitronenpfeffer würzen. Spargel herausnehmen und vorsichtig unter das Risotto heben.

4 Lachs abspülen, trocken tupfen und in Würfel schneiden. Lachs im Bratensatz 3–5 Minuten rundherum braten. Risotto mit Parmesan und Dill verfeinern und mit Salz und Pfeffer abschmecken. Spargelrisotto mit Lachs anrichten und servieren.

Risottoreis

Risotto ist ein typisch italienisches Gericht mit cremiger Konsistenz. Um die Konsistenz zu erhalten, wird Rund- oder Mittelkornreis verwendet. Die beliebtesten Reissorten für Risotto sind Arborio, Vialone oder Carnaroli.

Linsenbratlinge an Feldsalat

Für 2 Personen **Zubereitungszeit 20 Min.** **Garzeit 30 Min.**

12 4 2

2118 kJ | 506 kcal

200 g trockene rote Linsen
1 kleine Zwiebel
3 EL zarte Haferflocken
1 EL gehackte Petersilie
Salz, Pfeffer
1 TL Curry
3 TL Olivenöl
100 g Sojajoghurt, bis 55 kcal/100 g
1 TL gehackter Thymian
3 TL Zitronensaft
100 g Feldsalat
1 TL Senf
2 EL Granatapfelkerne

1 Linsen nach Packungsanweisung in Wasser garen. Zwiebel schälen und würfeln. Eine Pfanne auf mittlerer Stufe erhitzen und Zwiebeln darin fettfrei 2–3 Minuten dünsten. Zwiebeln mit Linsen, Haferflocken, Petersilie, Salz, Pfeffer und Curry vermischen.

2 2 TL Öl portionsweise im Bratensatz erhitzen und aus der Masse darin nacheinander 12 kleine Puffer backen, dabei ca. 5 Minuten von jeder Seite braten. Für den Dip Joghurt mit Thymian, 1 TL Zitronensaft, Salz und Pfeffer verrühren.

3 Feldsalat waschen und trocken schleudern. Für das Dressing restliches Öl, restlichen Zitronensaft, Senf, Salz und Pfeffer verrühren und mit Salat mischen. Linsenbratlinge an Feldsalat mit Granatapfelkernen bestreuen und mit Dip servieren.

Bulgur-Feta-Bowl mit Zitronengarnelen

Für 4 Personen **Zubereitungszeit 10 Min.** **Marinierzeit 20 Min.** **Kühlzeit 15 Min.**

7 7 7

1328 kJ | 317 kcal

200 g trockener Bulgur
Salz, Pfeffer
2 Zitronen
2 EL gehackte Minze
3 TL Olivenöl
1/4 TL Chiliflocken
240 g küchenfertige Garnelen
100 g Rucola
200 g Cocktailtomaten
1 Knoblauchzehe
80 g Schafskäse, 25 % Fett i. Tr.

1. Bulgur nach Packungsanweisung in Salzwasser garen und ca. 15 Minuten abkühlen lassen. Für die Marinade 1 Zitrone auspressen und mit 1 EL Minze, 2 TL Öl und Chiliflocken verrühren. Garnelen abspülen, trocken tupfen, mit Marinade in einen Gefrierbeutel geben, gut verkneten und im Kühlschrank ca. 20 Minuten marinieren.

2. Rucola waschen und trocken schleudern. Tomaten waschen und vierteln. Knoblauch fein hacken und restliche Zitrone auspressen. Bulgur mit Rucola, Tomaten, Knoblauch, restlicher Minze und Zitronensaft vermischen und mit Salz und Pfeffer abschmecken.

3. Restliches Öl in einer Pfanne auf mittlerer Stufe erhitzen und Garnelen darin ca. 5 Minuten rundherum anbraten. Bulgur-Feta-Bowl auf 4 Schüsseln verteilen, Schafskäse darüberbröseln und mit Zitronengarnelen servieren.

Bulgur

Bulgur besteht aus Hartweizenschrot, welches ursprünglich aus dem Orient stammt, aber auch hierzulande an Beliebtheit gewinnt. Die Zubereitung im heißen Wasser geht schnell, da der Bulgur in der Herstellung bereits gegart wurde. Die enthaltenen Ballaststoffe machen außerdem lange satt.

Grünkernbraten mit Tomatensauce

Für 6 Personen **Zubereitungszeit 25 Min.** **Garzeit 60 Min.** **Kühlzeit 15 Min.**

6 6 1

1017 kJ | 243 kcal

1 Frühlingszwiebel
150 g Karotten
1 rote Paprika
2 TL Sonnenblumenöl
200 g Grünkernschrot
400 ml Gemüsebrühe (2 TL Instantpulver)
100 g kernige Haferflocken
1 Ei (Größe M)
Salz, Pfeffer
1/2 TL Paprikapulver
1 TL gehackter Oregano
1 EL gehackte Petersilie
1 Zwiebel
400 g passierte Tomaten (Konserve)
1 TL Honig

1 Frühlingszwiebel waschen und in feine Ringe schneiden. Karotten schälen und raspeln. Paprika waschen, entkernen und in feine Würfel schneiden. 1 TL Öl in einem Topf auf mittlerer Stufe erhitzen und Frühlingszwiebeln, Karotten und Paprika darin 3–5 Minuten andünsten. Grünkernschrot zugeben und weitere ca. 3 Minuten dünsten. Mit Brühe ablöschen und auf niedriger Stufe ca. 10 Minuten köcheln lassen. Topf vom Herd nehmen und weitere ca. 15 Minuten quellen lassen. Backofen auf 180° C (Gas: Stufe 2, Umluft: 160° C) vorheizen.

2 Haferflocken und Ei zur Grünkernmasse geben. Mit Salz, Pfeffer und Paprikapulver würzen und mit Oregano und Petersilie verfeinern. Eine Kastenform (Länge 24 cm) mit Backpapier auslegen und Masse einfüllen. Grünkernbraten im Backofen im unteren Drittel ca. 30 Minuten backen.

3 Für die Sauce Zwiebel schälen und fein würfeln. Restliches Öl in einem Topf auf mittlerer Stufe erhitzen und Zwiebeln darin ca. 2 Minuten dünsten. Mit Tomaten ablöschen, mit Honig verfeinern, salzen, pfeffern und auf niedriger Stufe ca. 10 Minuten köcheln lassen. Grünkernbraten herausnehmen, ca. 15 Minuten auskühlen lassen und mit Tomatensauce servieren.

Grünkern

Grünkern ist halbreif geernteter Dinkel, der nach der Ernte getrocknet und geröstet wird. Das vitaminreiche Getreide eignet sich zum Backen, ist aber auch ideal zum Kochen. Egal ob im Salat, als Suppeneinlage, fleischloser Braten oder vegetarische Grünkern-Bolognese.

Hähnchen-Gemüse-Paella

Für 4 Personen **Zubereitungszeit 15 Min.** **Garzeit 25 Min.**

7 6 6

1838 kJ | 439 kcal

1 rote Zwiebel
2 rote Paprika
3 Karotten
500 g Hähnchenbrustfilet
2 Zweige Thymian
1 TL Olivenöl
1 EL geräuchertes Paprikapulver
240 g trockener Paellareis
400 g stückige Tomaten (Konserve)
1 Liter Geflügelfond
Salz, Pfeffer
1/2 Zitrone
3 EL gehackte Petersilie

1 Zwiebel schälen und würfeln. Paprika waschen, entkernen und würfeln. Karotten schälen und in feine Stücke schneiden. Hähnchenbrustfilet trocken tupfen und in Streifen schneiden. Thymian waschen, trocken schütteln und hacken.

2 Öl in einer Pfanne auf mittlerer bis hoher Stufe erhitzen und Hähnchenbrustfilet darin ca. 3 Minuten anbraten. Zwiebeln, Paprika und Karotten dazugeben, mit Paprikapulver würzen und auf mittlerer Stufe ca. 2 Minuten mitbraten. Reis und Thymian zufügen, mit Tomaten und Fond ablöschen und mit Salz und Pfeffer würzen.

3 Hähnchen-Gemüse-Paella unter gelegentlichem Rühren 15–20 Minuten köcheln lassen. Paella mit Salz und Pfeffer abschmecken und mit Zitronenhälfte und Petersilie bestreut servieren.

Kürbis-Couscous-Bowl

Für 4 Personen **Zubereitungszeit 15 Min.** **Garzeit 25 Min.**

6 6 6

1226 kJ | 293 kcal

2 rote Zwiebeln
1 Butternutkürbis (ca. 1,2 kg)
1 TL Olivenöl
2 Knoblauchzehen
Salz, Pfeffer
200 g trockener Perl-Couscous
1/2 unbehandelte Zitrone
2 TL Tahin (Sesampaste)
1 TL Agavendicksaft
3 eingelegte geröstete Paprika in Lake
2 EL gehackter Dill
1 EL gehackte Petersilie
50 g sonnengetrocknete Tomaten, ohne Öl

1 Backofen auf 200° C (Gas: Stufe 3, Umluft: 180° C) vorheizen. Zwiebeln schälen und in Spalten schneiden. Kürbis schälen, halbieren, Kerne mit einem Löffel entfernen und in Spalten schneiden. Öl in einer Pfanne auf mittlerer Stufe erhitzen, Zwiebeln mit Knoblauch darin ca. 5 Minuten braten und mit Salz und Pfeffer würzen. Gerösteten Knoblauch herausnehmen und beiseite stellen. Kürbis mit Zwiebeln in einer Auflaufform (20 x 30 cm) verteilen und im Backofen auf mittlerer Schiene 20–25 Minuten backen.

2 Couscous nach Packungsanweisung in Salzwasser garen. Zitronenschale abreiben und Zitronenhälfte auspressen. Für das Dressing Tahin mit Zitronensaft, Agavendicksaft und 2 EL Wasser verrühren, gerösteten Knoblauch dazu pressen und verrühren.

3 Paprika abtropfen lassen und in Streifen schneiden. Couscous mit Dill und Petersilie verfeinern und auf 4 Schüsseln verteilen. Kürbis, Zwiebeln, Paprika und Tomaten darauf anrichten. Kürbis-Couscous-Bowl mit Dressing beträufeln und mit Zitronenschale bestreut servieren.

Couscous

Couscous ist kein eigenes Korn, sondern entsteht durch ein Gemisch aus Hartweizengrieß und Salzwasser. Die kleinen Kügelchen landen anschließend getrocknet im Supermarktregal.

Register nach Plan

	Grün	Blau	Lila	Seite
American-Salad-Topping	6	6	2	46
Bohnen-Mandel-Paste	3	1	1	76
Bohnen-Pasta-Salat mit Ei und Schinken	10	7	7	27
Bohnentopf mit Garnelen, kreolischer	11	7	3	83
Bohnenwraps, mexikanische	9	6	6	80
Bratkartoffeln mit Spiegelei und Gurkensalat	13	7	2	50
Bulgur-Feta-Bowl mit Zitronengarnelen	7	7	7	99
Carbonara mit sonnengetrockneten Tomaten	12	12	12	39
Chili-Knoblauch-Spaghetti mit Stangenbroccoli	11	11	5	43
Fettuccine mit Lachs und Spargel	11	8	8	15
Frischkäse-Couscous-Dip	2	2	2	76
Glasnudelsalat mit Erdnüssen	8	8	8	24
Gnocchi mit cremiger Gemüse-Tatar-Sauce	11	10	10	62
Grillpaprika-Sauce	0	0	0	12
Grünkernbraten mit Tomatensauce	6	5	1	100
Hähnchenblech mit Kartoffelspalten, italienisches	6	5	2	69
Hähnchen-Gemüse-Paella	7	6	6	103
Karotten-Linsen-Creme	3	1	1	76
Kartoffel-Broccoli-Suppe mit Hähnchenspießen	4	3	1	53
Kartoffelcurry mit Garnelen, rotes	9	9	4	61
Kartoffel-Erbsen-Suppe mit Schinkenchips	6	5	1	66
Kartoffel-Estragon-Pfanne mit Spargel und Rind	8	8	3	70
Kartoffel-Rucola-Stampf mit Lachs	12	6	2	54
Kartoffelsalat mit mediterranem Gemüse	6	6	2	57
Kartoffel-Wurzel-Gemüse mit Schweinefilet	9	8	5	58
Kürbis-Couscous-Bowl	6	6	6	104
Lauch-Farfalle mit Schweinemedaillons, cremige	10	10	5	28
Linsenbratlinge an Feldsalat	12	4	2	96
Linsensalat mit Kabeljau, warmer	11	2	2	88

	Grün	Blau	Rot	Seite
Marinara-Sauce	1	1	1	12
Meeresfrüchte-Linguine mit Tomaten	9	8	8	32
Nudeln mit Paprika-Pesto und Hähnchen	11	10	4	40
Nudelsalat mit Hähnchen in Honig-Soja-Sauce	8	7	1	16
Nudelsalat mit Roastbeef, vietnamesischer	8	8	8	92
Nudel-Thunfisch-Auflauf	11	8	3	20
Ofenkartoffeln	4	4	0	46
One-Pot-Pasta mit Champignons und Spinat	10	10	4	36
Paprika-Nudel-Auflauf, feuriger	10	10	2	31
Pasta mit Geflügelragout	10	9	1	23
Quinoa-Hähnchen-Bowl mit Sesam-Ingwer-Dressing	8	7	2	79
Quinoa-Tofu-Aufstrich	3	3	0	76
Ramen-Nudelsuppe mit Rindfleisch, japanische	10	10	10	35
Reispfanne mit Hackfleisch, marokkanische	11	8	8	91
Rosmarin-Knoblauch-Pommes mit Limettenmayo	8	7	2	65
Rote-Linsen-Suppe mit Chorizo	7	4	4	87
Sauce Alfredo	4	3	3	12
Schinken-Käse-Topping	7	5	1	46
Spaghetti mit roten Zwiebeln und Ziegenkäse	12	12	12	19
Spargelrisotto mit Lachs	13	8	8	95
Spinat-Walnuss-Pesto	5	5	5	12
Thunfisch-Topping	7	6	2	46
Tortilla mit Paprika, spanische	10	4	2	49
Weiße-Bohnen-Topping	8	5	1	46
Wokgemüse mit Chili, buntes	4	4	2	84
Zitronen-Petersilien-Kartoffeln mit Hähnchenschnitzel	10	8	5	73

Register nach Zutaten und Stichworten

Eier

Bohnen-Pasta-Salat mit Ei und Schinken 27
Bratkartoffeln mit Spiegelei und Gurkensalat 50
Grünkernbraten mit Tomatensauce 100
Nudel-Thunfisch-Auflauf 20
Schinken-Käse-Topping 46
Tortilla mit Paprika, spanische 49

Fisch & Meeresfrüchte

Bohnentopf mit Garnelen, kreolischer 83
Bulgur-Feta-Bowl mit Zitronengarnelen 99
Chili-Knoblauch-Spaghetti mit Stangenbroccoli 43
Fettuccine mit Lachs und Spargel 15
Kartoffelcurry mit Garnelen, rotes 61
Kartoffel-Rucola-Stampf mit Lachs 54
Linsensalat mit Kabeljau, warmer 88
Meeresfrüchte-Linguine mit Tomaten 32
Nudel-Thunfisch-Auflauf 20
Spargelrisotto mit Lachs 95
Thunfisch-Topping 46

Geflügel

Hähnchenblech mit Kartoffelspalten, italienisches 69
Hähnchen-Gemüse-Paella 103
Kartoffel-Broccoli-Suppe mit Hähnchenspießen 53
Nudeln mit Paprikapesto und Hähnchen 40
Nudelsalat mit Hähnchen in Honig-Soja-Sauce 16
Pasta mit Geflügelragout 23
Quinoa-Hähnchen-Bowl mit Sesam-Ingwer-Dressing 79
Reispfanne mit Hackfleisch, marokkanische 91
Zitronen-Petersilien-Kartoffeln mit Hähnchenschnitzel 73

Käse

Bohnenwraps, mexikanische 80
Bulgur-Feta-Bowl mit Zitronengarnelen 99
Chili-Knoblauch-Spaghetti mit Stangenbroccoli 43
Frischkäse-Couscous-Dip 76
Nudeln mit Paprikapesto und Hähnchen 40
Nudel-Thunfisch-Auflauf 20
One-Pot-Pasta mit Champignons und Spinat 36
Paprika-Nudel-Auflauf, feuriger 31
Sauce Alfredo 12
Schinken-Käse-Topping 46
Spaghetti mit roten Zwiebeln und Ziegenkäse 19
Spargelrisotto mit Lachs 95
Spinat-Walnuss-Pesto 12
Zitronen-Petersilien-Kartoffeln mit Hähnchenschnitzel 73

Paprika

Bohnentopf mit Garnelen, kreolischer 83
Glasnudelsalat mit Erdnüssen 24
Grillpaprika-Sauce 12
Grünkernbraten mit Tomatensauce 100
Hähnchenblech mit Kartoffelspalten, italienisches 69
Hähnchen-Gemüse-Paella 103
Kartoffelcurry mit Garnelen, rotes 61
Kartoffelsalat mit mediterranem Gemüse 57
Kürbis-Couscous-Bowl 104
Nudeln mit Paprikapesto und Hähnchen 40
Nudel-Thunfisch-Auflauf 20
Paprika-Nudel-Auflauf, feuriger 31
Quinoa-Tofu-Aufstrich 76
Tortilla mit Paprika, spanische 49
Weiße-Bohnen-Topping 46
Wokgemüse mit Chili, buntes 84

Rind- & Schweinefleich

American-Salad-Topping 46
Bohnen-Pasta-Salat mit Ei und Schinken 27
Bohnentopf mit Garnelen, kreolischer 83
Glasnudelsalat mit Erdnüssen 24
Gnocchi mit cremiger Gemüse-Tatar-Sauce 62
Kartoffel-Erbsen-Suppe mit Schinkenchips 66
Kartoffel-Estragon-Pfanne mit Spargel und Rind 70
Kartoffel-Wurzel-Gemüse mit Schweinefilet 58
Lauch-Farfalle mit Schweinemedaillons, cremige 28
Nudelsalat mit Roastbeef, vietnamesischer 92
Ramen-Nudelsuppe mit Rindfleisch, japanische 35
Rote-Linsen-Suppe mit Chorizo 87
Schinken-Käse-Topping 46

Salate & Bowls

Bohnen-Pasta-Salat mit Ei und Schinken 27
Bulgur-Feta-Bowl mit Zitronengarnelen 99
Glasnudelsalat mit Erdnüssen 24
Kartoffelsalat mit mediterranem Gemüse 57
Kürbis-Couscous-Bowl 104
Linsenbratlinge an Feldsalat 96
Linsensalat mit Kabeljau, warmer 88
Nudelsalat mit Hähnchen in Honig-Soja-Sauce 16
Nudelsalat mit Roastbeef, vietnamesischer 92
Quinoa-Hähnchen-Bowl mit Sesam-Ingwer-Dressing 79

Suppen & Curries

Kartoffel-Broccoli-Suppe mit Hähnchenspießen 53
Kartoffelcurry mit Garnelen, rotes 61
Kartoffel-Erbsen-Suppe mit Schinkenchips 66
Ramen-Nudelsuppe mit Rindfleisch, japanische 35
Rote-Linsen-Suppe mit Chorizo 87

Vegan

Bohnen-Mandel-Paste 76
Carbonara mit sonnengetrockneten Tomaten 39
Grillpaprika-Sauce 12
Karotten-Linsen-Creme 76
Kürbis-Couscous-Bowl 104
Linsenbratlinge an Feldsalat 96
Marinara-Sauce 12
Quinoa-Tofu-Aufstrich 76
Weiße-Bohnen-Topping 46
Wokgemüse mit Chili, buntes 84

Vegetarisch

Bohnenwraps, mexikanische 80
Bratkartoffeln mit Spiegelei und Gurkensalat 50
Frischkäse-Couscous-Dip 76
Grünkernbraten mit Tomatensauce 100
Kartoffelsalat mit mediterranem Gemüse 57
One-Pot-Pasta mit Champignons und Spinat 36
Paprika-Nudel-Auflauf, feuriger 31
Rosmarin-Knoblauch-Pommes mit Limettenmayo 65
Sauce Alfredo 12
Spaghetti mit roten Zwiebeln und Ziegenkäse 19
Spinat-Walnuss-Pesto 12
Tortilla mit Paprika, spanische 49

1 In einer 6-monatigen Vorher-Nachher-Studie, die von Dr. Patrick O'Neil und Kollegen vom Weight Management Center der Medical University of South Carolina (USA) durchgeführt wurde, berichteten 88 % der Teilnehmer, dass das Abnehmen mit *meinWW*® einfacher sei als Diätversuche in Eigenregie. Die Studie wurde von WW finanziert. **2** Die Teilnehmerin hat mit dem Vorgängerprogramm abgenommen und hält Gewicht mit *meinWW*®.

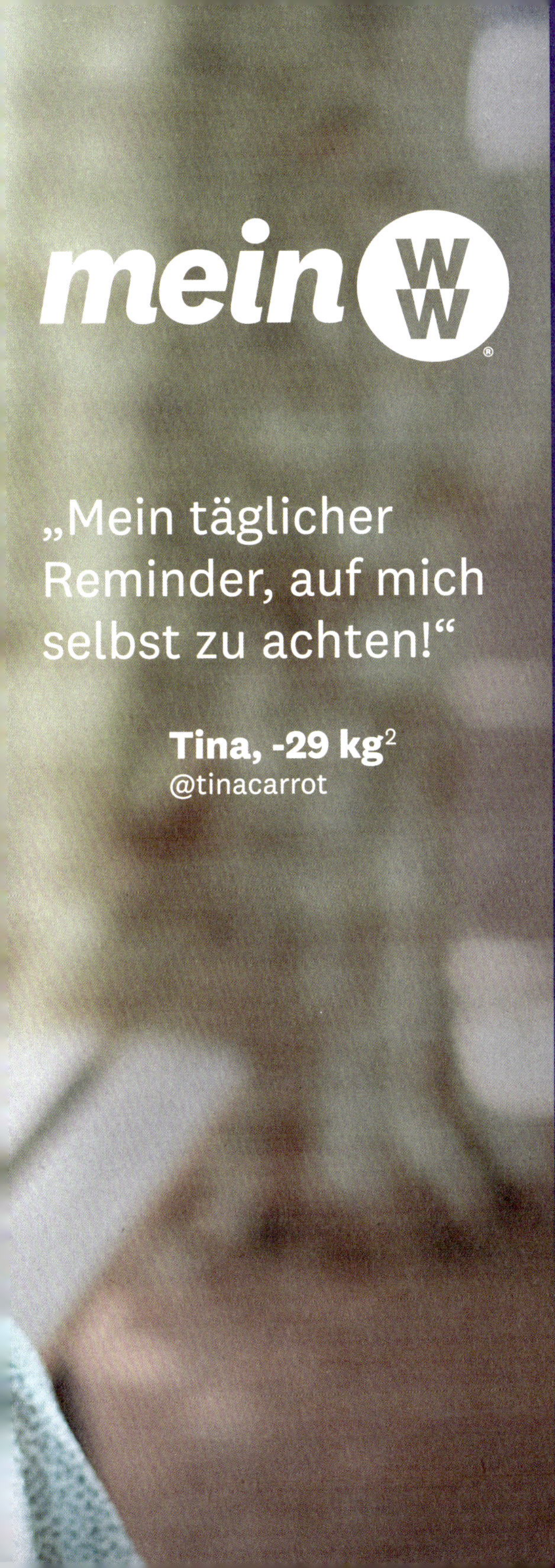
mein WW
„Mein täglicher Reminder, auf mich selbst zu achten!“
Tina, -29 kg²
@tinacarrot

Impressum

Redaktion
WW Deutschland
Claudia Braun, Iris Hermann, Claudia Thienel

Rezepte & Realisierung
Food Professionals Köhnen GmbH, Sprockhövel
Chantal Defontaine, Silke Höpker

Fotografie
Hubertus Schüler, WW International

Foodstyling
Stefan Mungenast, WW International

Bildnachweise
WW International, Getty Images S. 9

Gestaltungskonzept & Grafik
Niehaus Knüwer and friends GmbH
Werbeagentur, Düsseldorf
Food Professionals Köhnen GmbH, Sprockhövel

Druck
paffrath print & medien GmbH, Remscheid

WW (Deutschland) GmbH
www.ww.com
Info-Hotline 0211 - 3805 3813
ISBN: 978-3-9821292-2-8

1. Auflage 2020